外面陽光燦爛，我們微笑變老

快樂變老

如何活得優雅又有價值的熟年哲學

● 丹尼爾·克萊恩—著 ● 廖婉如—譯

Travels with Epicurus:
A Journey to a Greek Island in Search of a Fulfilled Life

-DANIEL KLEIN-

獻給 Eliana

年輕人不應該被視為幸運兒，幸運兒應該是生活過得好的老年人。因為正值青春的年輕人大多因著機緣飄泊，在個人信念上搖擺不定，老年人則是停泊在港灣中，護衛著真正的幸福。

——伊比鳩魯

【目次】

前言　狄米崔小館的一桌　9
尋找老年哲學
第一章　古希臘的橄欖樹　19
伊比鳩魯的圓滿哲學
第二章　無人的陽台　53
時間與忘憂珠
第三章　塔索被雨濺濕的照片　89
論獨思
第四章　青春之美的西洛可風　111
存在的真誠

第五章　綿羊項上鈴鐺叮咚響
通透練達到進入形而上　135

第六章　伊菲珍妮雅的客人
論斯多葛哲學和老年　153

第七章　卡米尼灣的火燒船
進入靈性層面正是時候　173

尾聲　歸鄉
安住當下的老年　195

謝詞　202

令我們富足的不是我們擁有什麼，而是享受什麼。

——伊比鳩魯

前言

狄米崔小館的一桌

尋找老年哲學

他坐在陽台遠端的一張木桌旁，右耳後面塞了一束薰衣草，那是來這裡的路上他費了好大的勁兒彎下腰採的。大夥靜下來沒話說時，他會把那束香草拿下來嗅一嗅再塞回去。一根拐杖靠在他右側的桌緣，拐杖的把手上有個白鑞做的女像：卡雅村[1]的女人。卡雅村是古代伯羅奔尼薩半島上

1 Karyai，該村的女子以身材姣好、風姿綽約著稱。

的一個村子，村裡有座獻給阿蒂蜜斯女神[2]的廟宇。儘管用不上，他走到哪裡都帶著這根拐杖，步伐慢歸慢，但很穩健。這拐杖是個象徵，象徵他的年紀，也象徵他是個男人，希臘文裡的「拐杖」，意指士兵用來擊潰敵人的棍棒。拐杖把手上玲瓏秀麗的美人像，說不定也具有個人意義，畢竟他年輕時是出了名的獵豔高手。

我坐在涼篷下的座椅上，向他點頭打招呼，我坐那裡有好一會兒，讀著《快樂的藝術，聽聽伊比鳩魯怎麼說》這本書。他微微側傾那滿是銀髮的頭，莊重而和善地跟我回禮，然後繼續跟他那些老友聊天。他叫塔索，七十二歲，我認識他好多年了。

塔索一年老過一年，臉龐和脖子上皺紋密佈，但在這裡還稱得上是帥哥，一個老帥哥。人家說他是把「年紀穿在臉上」，這是恭維的話。法國哲學家卡繆在小說《墮落》裡說：「哎！人過了某一個年紀，就必須為自己的相貌負責。」塔索想必贊同：男人的臉孔透露了許多真相，積累著一輩子所有的選擇，以及隨之而來的歷練。島上居民說，歷經千錘百鍊的男人，老來會有張看起來通透練達的臉，這相貌是他掙來的，其驚人的美是活得淋漓盡致的人才顯現得出來的。

我不經意聽到塔索跟他朋友們聊天，他們習慣肩並肩坐著大聲說話，我聽得一點都不費力，雖然我的希臘文不過是初級水平，但還是能掌握談話內容的大意。這些人在我來之前就已經打開話匣子，而且會持續到太陽落到大海彼端的伯羅奔尼薩半島之後。這些談話漫無目標，就只是開心地聊一些日常瑣事，諸如陽光如何，而今天倒是罕見地霧濛濛的，或者港口市場的起司攤換了個新老闆，要不就講講兒孫的事，扯一些雅典的政治八卦，偶爾有人會重提一些大夥都知道的陳年往事。當大夥兒望著伯羅奔尼薩海峽出神時，這樣子的閒聊常會穿插著悠閒自在的沉默。

2 Artemis，希臘神話裡的月亮女神和狩獵女神。

我是為了個人理由回到這座希臘島嶼：我已經是個七十三歲的老人，想找一個最舒服的方式來渡過人生這個階段。以我多年來在希臘長住好幾回的經驗，我想我可以在此地老人身上找到一些線索。伊德拉島上的老人知足常樂，我一直印象深刻。

我也帶了一些哲學書遠渡重洋來到這裡，多數是古希臘思想家的著作，一些則是二十世紀存在主義學家的書，還有我喜愛的各類書籍，我想我也可以從這些書裡找到一些線索。打從五十多年前我還是個大學生開始，我就對這些偉大哲學家們關於如何活得快樂又有價值的看法，一直很感興趣。只是當時年輕氣盛（就別提那用不完的精力和茂密的頭髮了！），一些關於老年如何過得圓滿的見解雖然有印象，但不特別吸引我。置身在滿佈岩石但艷陽高照的景致裡，讀著古希臘哲學家的作品，而他們的思想最初也是在這同樣的風景裡開枝散葉，這想像感覺起來實在對極了。

~

我之所以千里迢迢來到這裡，不是因為過生日時靈光一現，或照鏡子被自己的老態嚇到，而是更平凡無奇的一件事——看牙醫。我的牙醫納希醫師檢查過我的牙之後，嚴肅地告訴我，由於頜骨隨年紀增長的正常萎縮，我下排的一列牙齒要拔掉再植牙，不然就要裝一副假牙。這一來我等於被宣告說，不能吃牛排或豬排，或者不時會碰上一些很糗的狀況，譬如吃太妃糖時一不小心假牙就會鬆動掉落，更慘的是，我臉上可能會掛著老人才會有的發僵蠢笑。想到這些，當下便決定要植牙。

回家後，我算了一下，為了配合療程，我要開車到最近的牙科診所至少七次，每次要足足開上一小時，前後長達一年。接著我上網查，發現每次看診後一定會痛個好幾天，更別提前前後後加起來會有好幾個星期我基本上只能吃嬰兒食品。而且，還用說，荷包肯定要大失血。究竟，這是為了什麼？

能夠再吃豬排？假牙不會很糗地突然掉出來？還是想換來年輕一點的笑容？

我當下決定要植牙的理由，是很怕假牙隨時脫落，也怕出現老態的笑。但稍後想想，這些理由對我來說實在荒唐，似乎無法呼應我目前人生階段的真正價值。在這七十出頭的年紀，我當真介意在別人面前露出一副老頭子傻呼呼的笑？更重要的是，當我清晰的思考力跟合理的行動力都跟頷骨萎縮得一樣快時，我當真想花一整年的時間定期去看牙醫？

我並不想。想到這裡，我赫然發覺，自己竟不假思索地也被捲入時下的潮流裡，企圖要把壯年的時間拉長，覆蓋以前被稱為「老年」的時期。這不智的隨波逐流，不單只是外表的問題，還包含了關乎剩下多少美好歲月的種種想像。我粗略做了一些計算，而且一時不察跟著潮流否認自己老了。如果沒有想通，我可能也會跟大夥一樣去做自以為可以「植入青春」的事。

這新的老年信條四處可見。如果有人無意中提到自己老了，馬上就會被糾正：「妳還年輕，一點都不老。」人家會跟她說：「現在七十歲就跟以前五十歲一樣。」她會不停被勸說不能服「老」。

這信條驅策我這個年紀的人去設定新目標，勇於嘗試新的冒險，訂定自我成長的新計畫。我們被勸說，醫療及其延年益壽的可能，給了我們前所未有的機會：大幅延長青春年華。而假使你服老，你若不是傻瓜，就是更糟的情況，膽小。

在我周遭，我看到很多跟我同世代的人依然從事壯年時的職業，而且往往比他這輩子任何時候更拼命。有人則是把《死前必訪的一千個地方》之類的書塞進背包，動身前往異地歷險。也有人跑去學法文，天天慢跑強身。有的還去做整形手術，打荷爾蒙回春。我一個朋友都快七十了，不只去拉皮還隆乳哩。一個跟我同年的老傢伙說，自從他貼了睪固酮貼片和藥效七十二小時的犀利士（Cialis）之後，覺得自己又是一尾活龍。「永保青春」是我這個世代的主題曲，而我想都沒想就跟著唱得好大聲。

「永保青春」熱潮的魅力並不難懂，畢竟我的青春歲月總的來說相當美好，那麼何苦要在現在停下來呢？好事為什麼不能長久？為什麼不能一延再延呢？

但這新式老年哲學有某些地方似乎和我不對盤，植牙的想像反倒刺激我去探究其中的問題。我想，如果我跟著大家這樣做，可能會遺漏一些深具意義的事：否認自己處在一個獨特而無價的人生階段。從拉長的壯年直奔衰老的老年——現在被縮減為垂死前極度衰萎虛弱的期間——這種情況，一直讓我深深不安。如果我跟大家走同樣的路，恐怕會錯失純粹當個真誠而知足的老人會有的永恆感。

問題是我並不太曉得一個真誠的老人應該怎樣過日子，但我有一些直覺，不如就從這些直覺著手。最起碼，我想，一個真誠老人會誠實面對他還有多少耳聰目明、腦筋清楚的歲月。他會想要以最恰當的方式充分利用這段時間。我也在想，他也許會感覺到，這樣的人生階段提供了饒富意義的契機，這契機是年輕歲月不可能有的。

除此之外，我有的只是滿腹疑問。這也就是為什麼我帶了滿滿一箱哲學書來到這座希臘小島的原因。

塔索的一個友伴跟狄米崔打了個手勢，請他再送來一瓶希臘松香葡萄酒和幾盤開胃小菜——些許橄欖、葡萄葉卷、優格、小黃瓜、大蒜沾醬。這會兒大家都湊到桌邊，這樣伸手就可取得食物。我還沒看到狄米崔遞上帳單，我想他從來都不會這麼做；這些人只要在離去時留幾枚錢幣在桌上即可，這是「老人」特惠價。塔索從口袋裡拿了一副紙牌出來，幾個人玩起prefa來，他們最愛的牌局，每一局四人有一人要休息換手，同時有一搭沒一搭地聊天。

於是我回到那本關於伊比鳩魯的書上。

第一章

古希臘的橄欖樹

伊比鳩魯的圓滿哲學

伊比鳩魯成長於愛琴海的另一座島嶼，薩摩斯，從這裡往東兩百哩處，更靠近安納托利亞半島（Anatolia），俗稱「小亞細亞」的地方。他生於西元前三四一年，僅在柏拉圖之後八十年，卻沒受到他什麼影響。伊比鳩魯主要關心的是，人如何盡可能地活得好，尤其當我們考慮到人只能活這麼一回——他老兄並不相信有來世。這似乎是最基本的哲學問題，是所有問題中的問題。然而讀西洋哲學史的學生卻往往很沮喪地發現，幾個世紀下來，這個重要問題已經讓位給一些被認為更迫切的問題，譬如海德格一個讓我看得一頭霧水而啞然失笑的問題：「為什麼是存有，而不是虛無？」還有一個知識論問題：「我們如何知道什麼是真實？」伊比鳩魯其實也思考過現實的本質，但他進行這樣的思考基本上是為了回答他的終極問題：「人該如何充分利用這一生？」這問題不賴。

經過多年深思，伊比鳩魯的答案是，最美好的生活就是快樂的生活，充滿愉悅的生活。這答案乍看之下好像未經大腦，或像是印在「詩尚草本」茶（Celestial Seasonings）盒子上的智慧小語。但是伊比鳩魯知道，這個說法只是個起點，它會帶出更棘手費解的很多問題，比方說，什麼樣的生活才是快樂的生活；哪種快樂是真正令人滿足而且持久的？哪些快樂稍縱即逝而且會帶來痛苦？外加一個大哉問：我們究竟做了什麼而讓自己不快樂，或者原因何在？

坦白說，當我瞭解到伊比鳩魯並不是個享樂主義者，起碼和我們時下對這個詞的理解有很大的出入時，我感到一種幻滅的痛苦。時下的享樂主義者一詞，指的是追求美食享受的極致感官主義者，他老兄跟這大不相同。讓我這麼說好了，伊比鳩魯喜歡簡樸的白煮扁豆甚於灌入「馬斯提哈」（mastiha）（用核果樹液費工熬煮出來的一種湯汁）的香烤雉雞，那是古希臘有奴隸伺候的貴族才吃得到的珍饈。與其說這是因為伊比鳩魯具有民主精神，倒不如說他嚮往個人的怡然自得，當然包括自在的飲食。香烤雉雞固然會挑動我們的味蕾，但伊比鳩魯顯然不是在這方面很講究的感官主義者，他不會去追求令人目眩神迷的味覺享受，所以，烤雞免了，端上水煮扁豆吧！一方面，他從自耕自食獲得很大的樂趣，這是吃扁豆令他滿足的部分原因。另一方面，他對感官抱持著禪一般的態度，也就是說，當他全心全意品嚐扁豆時，他會嚐到扁豆最細緻美妙的滋味，這是加了大量香味的食物所比不上的。這道菜還有一個好處就是很容易料理，他不喜歡做一些不須動腦筋的乏味事，譬如說在文火慢烤雉雞時把馬斯提哈徐徐滴到雞隻上這種無聊事。

一些雅典人認為伊比鳩魯及其主張會威脅社會的穩定性。這種將個人的快樂視為人生至高目標，並公然提倡自利的哲學，可能會把凝聚共和政體的利他主義精神給溶解掉。他們認為伊比鳩魯標榜的自我中心，並不是良好的公民素養。但伊比鳩魯和他的追隨者一點也不在意這些批評者怎麼想。打從一開始，伊比鳩魯學派的人就對那種政治操作沒什麼興趣，他們認為，若要享受真正快樂的人生，就要從公共場域徹底退隱。如果每個人都採取寬以待人的態度，讓人人追求自己的快樂，這個社會肯定會運作得更好。這想法是從伊比鳩魯的一個基本信念自然衍生出來的：「若沒有快樂的生活，就不可能過得又有智慧、又健康、又有公義。」

伊比鳩魯在生活裡實踐他的哲學，因此他在雅典郊外建立了一個叫做「伊園」的原型公社，在那裡，伊比鳩魯跟一些志同道合的朋友簡單過生活，他們一起種蔬果，一起吃住，終日聊天談話，當然，最主要談的是伊比鳩魯式的主張。任誰想加入都歡迎，看看「伊園」大門上刻的字就知道：「外來的朋友們，在這裡你們會住得舒適，在這裡，至高的善是快樂。這個住所的管理人，也就是親切的主人，已經備妥一切等著你；他會帶著麵包歡迎你，供你大量的水，同時跟你說：『你沒被好好款待過嗎？伊園不會刺激你的胃口，只會舒緩它。』」

菜單列的說不上是美食，但是價格合理，同伴有趣。

女人在「伊園」裡也受到很好的對待，這跟當時希臘的主流道德觀明顯不同。在那裡她們可以平等地參與哲學討論，甚至餐桌旁有時候會有青樓女子現身，事後餵雅典人一些八卦，說伊比鳩魯及其追隨者是一群浪蕩的快樂主義者。但這樣說肯定與事實不符：伊比鳩魯學派的人喜歡寧靜的快樂甚於狂歡。事實很簡單，他們擁護並實踐性別上和社會階級上的平等，這跟當時盛行的希臘哲學很不一樣。

雖然伊比鳩魯的原始手稿大部分已經遺失或毀壞（據信他寫了三百本

以上的書，卻只有三封信和一些格言完整地留下來），但他的哲學在那個時代卻傳遍全希臘，後來還席捲義大利蔚為風潮，尤其是羅馬詩人魯克利提歐斯（Lucretius）在他的巨著《萬物的本質》中，記下了伊比鳩魯哲學的基本信念之後更是如此。伊氏哲學之所以能這樣子流傳千古，大半要歸功於他自己的遠見和錢包：他在遺囑中把積蓄捐贈給一所學校來延續他的教誨，使得他的哲學得以薪火相傳，後繼有人。

老年乃人生的頂峰

伊比鳩魯相信老年是人生的頂峰，黃金歲月。在《梵諦岡語錄》（之所以用這個書名，是因為這些手稿是十九世紀時在梵諦岡尋獲的）這本文集裡，他的言說被記載道：「年輕人不應該被視為幸運兒，幸運兒應該是生活過得好的老年人。因為正值青春的年輕人大多因著機緣飄泊，在個人信念上搖擺不定，老年人則是停靠在港灣中，護衛著真正的幸福。」

當我坐在狄米崔小館的涼蓬下，思索著什麼是我目前人生階段最好的生活方式時，「安穩地停泊在港灣中」的想法讓我豁然開朗。信念不再搖擺不定這一點打進我心坎裡。根據伊比鳩魯的其他教誨，他也曾提到年輕人舉棋不定的追尋，而這是因為他們的信念變來變去。伊比鳩魯指出禪宗裡所謂「奮鬥」的虛妄，在我們的文化裡，奮鬥是正值青春的年輕人的標記。

我們這些擁抱「永保青春」信念的老傢伙不也一樣：不斷設定新目標，懷抱壯志，趁心有餘力去實現些什麼。許多「永保青春」型的人，常常是被年輕時未能達成夢想的憾恨所驅使，他們把晚年看成是一償宿願的最後機會。

最近我收到大學畢業已屆五十年的校友通訊，對這現象特別有感觸。我有位同學，是個很成功的律師，也是《華爾街日報》戲劇與文化版的特約記者，他寫道：「每天一想到還沒做的事就焦慮，相對來說我還滿硬朗的，這是個福氣啦，但也因為如此，我會問自己，為什麼不把腦裡醞釀的小說、劇本、散文寫出來……還有時間，但願如此，大家都這麼希望，不是嗎？」

這傢伙受到詩人朗費羅的詩《將死的人向您致敬》的鼓舞，那首詩是朗費羅寫給母校鮑登學院於一八二五年畢業、離校屆五十年的同學。朗費羅在詩裡力勸上了年紀的同學們要保持忙碌，非常忙碌。

啊！人生永遠不嫌遲
只要心跳還沒停
加圖八十歲學希臘文，
當索福克利斯寫他偉大的伊底帕斯，
西莫尼德斯從同行手中奪得詩獎，

都年過八句，
而泰奧弗拉斯托斯於高齡九十，
才開始寫他的《人類性格論》

「人生永遠不嫌遲」這句話確實蠱惑人，我們這些七十好幾的人，也許正處於如日中天，創意橫流的階段。伊比鳩魯會阻擋創意之流嗎？他會寧可不要有《伊底帕斯王》這種傑作，而要索福克利斯每天快樂地坐在海灣裡吹海風嗎？這簡直是暴殄天物。

奮鬥不懈的人是停不下來的！每完成一項這輩子一定要達成的「遺願」，下一個就會出現。當然啦，與此同時，時鐘也不停地滴答響——而且還響得很大聲。歲月不饒人，結果我們硬是把自己搞得氣喘吁吁，再也沒時間安安穩穩享受暮年，回顧這一生，也無法跟朋友暢快地一整個下午閒聊，或者聽聽音樂，或者回味陳年往事。我們將不會有另一次機會可以那麼做。

這抉擇顯然並不容易。

別讓日常雜務給絆住了

伊比鳩魯對於真正優質生活的透徹見解，讓我真切地看清一個好的老年生活應該怎麼過。他列出了人之所以活得不快樂的原因，其中排在首位的就是我們把自己綁縛在「商業世界」裡。伊比鳩魯比麥迪遜大道早出現幾千年，但他已經看穿商業世界有一股不可思議的力量，讓我們以為自己需要一些其實並不需要的東西，而且隨著商業世界持續軋軋運轉，我們不停汰新換舊。一旦追逐最新潮的事物——通常是我們壓根兒不需要的東西——伊比鳩魯最看重的寧靜與快樂就不見了。他的格言中我很喜歡的一句是：「不知足的人給再多都不夠。」

在伊比鳩魯看來，真正的快樂是不花錢的，譬如像水煮扁豆，或優格沾醬。在這安詳的晚年，誰會因為無法享用一頓文火慢烤的雉雞，或是像我來希臘之前跟我老婆一起吃的鮭魚佐松露，而感到欠缺呢？享受單純的快樂吧，伊比鳩魯如是說。單純的快樂不但比較便宜，而且也比較不會對年老的身體造成負擔。

但是當伊比鳩魯寫道：「我們必須從日常雜務跟公眾事務中解脫」時，他所想的其實還不單只是別讓自己無止盡地追逐無謂的事物。他勸我們別去做的事，就是不要獻身於工作，就從擺脫有個隨時告訴你要做什麼、怎麼做才對、目前的做法那裡不對的老闆開始。即使你自己是老闆，像我那些「不老族」的朋友們，也一樣必須與其他人打交道而受羈絆。他還是要指示下屬該做什麼，跟他們協商或激勵他們，結果還是一樣被囚困住。而自由，也就是伊比鳩魯標榜的激進的存在性自由，是快樂生活不可或缺的元素。

把必須與人打交道的世界拋到一邊——也就是放棄白天的工作——這在西元前三八〇年前的伊園也許行得通，現在要做到可是困難多了（不過我忍不住在想，伊比鳩魯餐桌上的常客，財務官伊多曼尼斯，上門來同樂時難道不需要貢獻一點什麼，買一些他們公共菜園裡沒生產的東西來嗎？譬如，據說他們每天都要喝的一桶桶酒）。以現在的話來說，伊比鳩魯也許可以說是在提倡六〇年代的一種「兩袖清風，得過且過」的生活方式。在我們年輕時，也很少有人會為了徹底的自由而全心擁抱那樣的生活，不論好歹。

天曉得，我倒是試過。回想六〇年代晚期，嬉皮大師提摩西．里瑞（Timothy Leary）的箴言：「打開心扉，審視內心，退出世俗」在整個時代精神中迴盪時，我辭掉在紐約幫電視台寫腳本的工作，第一次來到伊德拉島這地方，用先前的儲蓄過活，一整年啥也沒做，整天在小酒館裡跟當地人和一些退休的人喝茴香酒、把妹，要不就兩眼茫茫地神遊四方。

那段如田園牧歌般生活的某個早上，我無所事事地在港邊閒晃，從前在哈佛的一位同班同學突然出現在我眼前，令我大吃一驚；他剛從一艘渡假遊輪走下來。我曬得很黑，已經半年沒理髮，穿著一件老舊的衣服。在這地方看到我這副德行，這同學驚訝極了，很想知道我到底在這裡做什麼。我跟他說：「我不過就是早早退休，及時行樂。」我是想搞笑，但更多的是自我防衛，只是當時並不自知。

多年前那回在伊德拉島的居遊真是快樂無比，我從沒懊悔過。不過老實說，在島上待到後來，我漸漸覺得很無聊。我很想變得忙碌一點，想重新投入社會，想當個有用的人，就這樣，我又回到需要與人打交道的世界，雖然我對伊比鳩魯式的生活從未忘情。

此刻，坐在狄米崔小館裡，我發現牌局輪到塔索休息。他站起身，拿著拐杖，緩步從容走向臨海的陽台邊，凝望著來自艾爾米歐尼（Ermioni）的渡輪從杜克斯島（Dokos）後方露臉，杜克斯島是一座鯨魚狀光禿禿的無人島，介於這裡跟伯羅奔尼薩島之間。這艘渡輪是在此航行、僅存的最後一批慢速船之一。近數十年來，最熱門的是從琵樂絲（Piraeus）駛來的水翼船——像密封的沙丁魚罐頭似的一種交通工具，可以快速把人送往時間慢得快要停止的地方。

這艘從艾爾米歐尼來緩緩爬行的渡輪，讓我想到兩列繞行伯羅奔尼薩島的火車，一列順時針走，一列逆時針走，但速度都不比一個中年慢跑者還快。這些火車喀拉喀拉一路悠哉地慢慢走，有時慢到旅客可以把手伸出窗外摘下鐵道旁樹上的橘子。這說法無疑道出了希臘農村地區的建設落後，但也讚美了希臘人把旅途過程的樂趣，看得比抵達目的地還重要。

一回我跟妻女重返希臘，搭上了環繞伯羅奔尼薩島的火車。那是公元二〇〇〇年，希臘在一九九九年沒有成功加入歐元區，當時正準備要再試一次。我太太是荷蘭人，她以嘲諷的眼光瀏覽窗外風光，處處給了「沒效率」的評語。「瞧那些人！」當我們經過五個希臘人排成人龍以接力方式悠閒地卸下一車子的茄子，好幾個嘴上還叼著煙，她大呼起來。「這些人根本不在乎歐元。」雖然她笑著說，但至少是半正經的。也難怪，荷蘭是喀爾文教派的首都。我跟女兒馬上給她「歐元視察員」的封號。

我們在北伯羅奔尼薩島的迪亞科夫多村（Diakofto）渡過了美妙的幾天後，某個早上到車站搭車往科靈茲（Corinth）。我小學程度的希臘文讓我當仁不讓地成了嚮導，我們買了票上車，在離站的火車上坐定後，我立刻舒展四肢，愉快地進入夢鄉打起盹來。幾分鐘後我被太太叫醒，我們搭錯方向了！原本應該搭上順時鐘繞行伯羅奔尼薩半島的車，怎料竟搭上逆時鐘方向的車了。我太太之所以發現，是因為火車經過一把坐著三個老人的長凳，幾天前我們從反方向來時，也看到那三個老人。「他們好像都沒移動過耶。」她說。我那鬼靈精怪的女兒附和說，我們肯定是坐上了可以穿越時光的列車，正在回到過去。說得跟真的一樣。

該負起補救責任的顯然是我。我看到列車長坐在車廂前端，正端起一個濃縮咖啡杯大小的小陶杯在享用咖啡——我後來發現，當他想要續杯，只要拿這杯子，就可以跟沿途各站的鐵道咖啡廳服務生換來滿滿一杯。我過去跟他道早安，他馬上要我坐下來，並表示很抱歉沒為我準備一杯咖啡。我跟他說我們搞錯方向搭錯車了，他聽了大笑，用英語說：「這種事常有，你只有一半的機會搭對車。」

接下來幾分鐘，搭錯車的事被擱在一邊，聊起了更重要的：我打紐約來的？皇后區？阿斯托里亞（Astoria）？喔！麻薩諸塞州來的？我認不認識波士頓的曼尼基斯一家子？他們跟他老婆是同一村子的人。在親切的閒話家常時，我避開了我太太焦急的眼神。我們好不容易把希臘裔美國人的人口統計了一遍，得到滿意的結論——我的確認識麻州雷諾克斯（Lenox）的喬治．金納里思，他祖父來自帕特雷（Patras）——之後，列車長拿起像木屐大小的無線電話，按了幾個鍵後，用方言飛快飆了幾個字眼，我懷疑，就算土生土長的雅典人也跟我一樣有聽沒有懂。隨後他笑笑，叫我和家人帶著行李準備下車，我們照辦。

幾分鐘之後，我們的列車在一個杏桃園旁緩緩停下。這時我看到一輛從反方向來的列車也停在那裡，車上的乘客紛紛走下來，到園子裡閒逛，有人拿出一罐自製優格，大夥兒輪流喝；有人抽煙，也有人摘下成熟的杏桃，吃得津津有味。大家有說有笑其樂融融。我們的列車長跟對方列車長打了個招呼，朝我們比了比，然後親切地跟我們道別。

這一來我們懂了：對方聽聞我們的窘境，決定臨時停車，一車子乘客顯然都沒抱怨，還下車自行找樂子，等著我們走過去。私人行程，如果有的話，也拋到一邊去。這班車肯定誤點。要說沒效率，大概莫此為甚，這種事肯定不會在荷蘭發生。

我跟女兒回頭看了看「歐元視察員」，彼此相視笑彎了腰，差點沒辦法跨過鐵道去搭車。

回想這件陳年往事，我深信我來對了地方，要思索老年怎麼過最好，哪裡都比不上這裡。

伊比鳩魯學說作為當今一種生活哲學

伊比鳩魯這種自在悠閒的精神遺產，在希臘的農村比在都市要來得普遍，這一點都不足為奇。愛琴海的島上居民很愛講一個有錢的希臘裔美國佬到島上渡假的笑話。這個有錢的美國人有天出外閒逛，看到一個希臘老人坐在岩石上，邊喝著茴香酒邊看夕陽沉入海中。美國人注意到老人身後的山丘上有一片橄欖樹林，但顯然缺乏照料，橄欖東掉一個西掉一個，地上到處都是。他問老人這些橄欖樹是誰的。

「我的。」老人說。

「滿地橄欖你都不撿嗎？」美國人問。

「當我想要一個的時候就會撿一個。」老人答。

「難道你不知道，如果好好修剪，在產季採收的話，可以拿來賣錢？賣到很好的價錢。在美國，人人迷上了這種初榨橄欖油，再怎麼貴都願意掏錢買。」

「我要那麼多錢做什麼？」希臘老人問。

「你可以蓋個大房子，請一堆僕人來替你做事呀！」

「然後我要做什麼？」

「你想做什麼就做什麼。」

「你是說，像這樣坐在這裡喝茴香酒看日落？」

哲學觀念的涓滴效應

去想像西元前三世紀的一個哲學家影響了當代的一群希臘人，而這些人對於突如其來在杏桃園旁無預警的停車毫無怨言，甚至還自得其樂，這會不會太天真？我覺得不會。

讓我們回到伊比鳩魯前後的那個時代說起，當時，由哲學家、詩人、劇作家們闡發出來的觀念，影響所及的範圍遠超過伊園的餐桌，或衛城的石階，或戴奧尼索斯（Dionysus）劇場，事實上已經深入到雅典人的日常交談中。根據各種流傳的說法，這是一個愛講話而且會為了講話特別騰出時間來的文明。後來的溝通形式，譬如我們這時代頻頻進行單向傳播的媒體，並沒有為我們的日常對話提供一個競逐的情境。當時參與戴奧尼索斯露天劇場的演出，往往是一整天的活動，而且觀眾被賦予評審團的角色，必須審慎評斷哪個角色的作為和觀點最有價值。關於公義、正直，以及人類弱點等的討論，往往在落幕後更加熱烈起勁。這些人談的是一個一個的觀念。

雅典民眾也談論哲學家的觀念。由於伊比鳩魯歡迎各個階層的男男女女來參加他永遠不散的筵席，甚至包括奴隸在內，所以他的觀念可以自由流傳到尋常百姓之中。這無疑跟那個愛講話的社會大有關係，古雅典人很愛嚼舌根，他們甚至有個主司流言和八卦的女神叫歐莎（Ossa）。伊園不時有青樓女子和洗衣婦出入，常常是庶民八卦的話題，不管扯八卦實在不莊重，但它的確是傳播有趣新觀念的強力管道。

伊比鳩魯對於最佳生活方式的看法引起了雅典人的共鳴。這些觀念啟發他們重新看待自己以及個人抉擇：「嗯！如果伊比鳩魯那傢伙是對的，人生的至高目的是追求生活的最大快樂，而不是賺夠多的錢來委託人幫自己塑像，讓自己變成一尊不朽的大理石雕。那麼我應該減少在花瓶上畫少女像的活兒，多出去逛逛享受生活才對。」好吧，我有點被自己想當花瓶畫家的幻想沖昏頭，但諸如此類的想法在古雅典卻處處都有。

當然，這並不表示在希臘文化中，伊比鳩魯哲學已經持續存在了上千年直到現在。社會生物學這門相對來說新興的學科會認為，希臘的DNA是這些開朗的伯羅奔尼薩人可以在杏桃園隨遇而安的根本原因。以達爾文演化論為本來加以延伸，社會生物學家認為不只物種的生理特質會演化，心理和社會的特質也會在特殊的地理環境和氣候下，經由天擇而演化。關於社會生物學如何在動物界裡起作用，經常被引用的例子是，各種物種裡的特定成員所表現的「利他行為」，包括切葉蟻跟吸血蝙蝠在內。這些特定成員會做出一些對整個大家族有利的行為，可是慷慨犧牲奉獻的那一個卻沒有直接受益。到頭來，整個物種因為這種行為而更有存活力，因此，「利他」的基因便一代代傳了下來。此外，相似的物種有時候卻會因為缺乏利他成員的存在而導致滅絕。

所以，社會生物學家也許會假設，在希臘這一片滿是岩石、受烈陽酷曬的艱困大地，早期那些老是擔心天有不測風雲而悽悽惶惶的希臘人，比起樂天知命的希臘人，很可能還沒生小孩就死於跟壓力相關的疾病。因此一些無憂無慮、抗壓性高的希臘人——以及他們的DNA——便經過天擇而被留下來。我認為這個假設是可能的。不論如何，社會生物學家基本上會說，那些伯羅奔尼薩島的快樂旅人，之所以能隨遇而安，到果園閒逛，很可能是基因使然，而非數百年傳下來的哲學傳統所致。

也許這兩種解釋都有道理：無憂無慮和隨遇而安的性情說不定自然而然在希臘人的DNA裡演化出來，而且伊比鳩魯對這種天生性情加以分析，以一個個條理清晰的觀念闡述出來。最後，他這些觀念形成一種活潑、有自覺的生活哲學，歷久不衰，隨著希臘人自然演化的性情流傳下來。所謂有自覺的哲學很重要的一點，就是它能夠讓人有自覺地去思索個人的選擇：「我可以抱怨火車司機在這裡臨時停車，害我耽誤晚餐，但如果我純粹就是好好去享受這意外的休憩，不是更合乎我真正的價值觀嗎？」

這終究是哲學最基本的目的：提供我們明析的方式來思考這個世界，思考我們該如何生活於其中。這正是我坐在這裡，一本談論伊比鳩魯哲學的書攤在眼前，想要達到的：思索該如何好好地渡過老年。我改變不了我的ＤＮＡ，但也許伊比鳩魯和其他哲學家能幫我釐清該如何選擇。

在老年選擇伊比鳩魯式的生活

在老年選擇伊比鳩魯式的自由，對我來說感覺實在太對了。這個時機點很棒，因為對於我們這些年過六十五，沒住到山林裡或住到公社的老人，都可以享有這種自由——話說回來，仔細想想，身為老人或許要住進公社裡才對。不論如何，對於那些考慮是否要「永保青春」的人來說，在老年享有伊比鳩魯式的自由是個好選擇。總的來說，我們是有退休金的人，即便那些錢不夠我們天天大啖美食，甚或住在華屋美廈裡，伊比鳩魯的哲學也會教我們如何清心寡慾，品嘗這種自由的甜美。

從「每日雜務以及公眾事務的牢籠」裡解脫後，一個老人只需要回應自己。他不會被緊湊的行程綁死，也不需為五斗米折腰。他可以，譬如說，和一群朋友坐上半天，偶爾聞聞野薰衣草的芳香。

老年的友誼之樂

也許塔索不是很清楚，他在狄米崔小館餐桌上找到的快樂，多半來自單純享受著大夥的陪伴，他對他們一無所求。這些人當中，一個是退休的漁夫、一個是退休的老師、一個是退休的服務生，都是島上土生土長的人。塔索從前是雅典法官，年輕的時候在提薩朗尼基（Thessaloniki）和倫敦讀法律，不過這跟他與這三個人的交情沒什麼關係。

對朋友無所求，這基本上跟一個人還在縱橫職場時的生活導向大不相同。在生意場上，不管是哪一種生意，都會有一個目標，而這目標幾乎跟真正友誼毫不相干。老闆要你做事是因為他要一個結果，員工聽命行事也一樣，而員工要的結果之一是薪水。不管有多少管理手冊建議要把員工和同事當成真正的個體看待，意在言外的事實是，商場始終還是有它固有的政治性格。在工作上，同事不論如何都是達成目的最重要工具，我們也一樣，這自古皆然。當伊比鳩魯要我們提防商業和政治上的危險時，他對這一點其實是了然於胸的。

在康德的倫理學裡，我們被特別叮嚀不能把另一個人當成手段，而是要當成目的來對待。在他的不朽巨著《道德的形上學基礎》中，康德下了個結論說，所有道德行為背後都需要一個抽象而絕對的原則，這原則是任何特定的道德抉擇的試金石。他演繹出來的這個原則，是他的黃金法則般至高無上的定然律令（categorical imperative）：「只依據那些你願意把它變成普遍法則的格準（maxim）去行動。」因此，康德相信，依照這個律令，沒有人會把他人當手段而不當目的對待；他在理性上並不會願意把這類行為變成普遍法則，大部分原因是，這樣一來他也會被別人當成手段。

把別人當成目的而非手段來對待，結果對我們自己，以及與我們有關係的人，都變成了樂事一樁。除了陪伴，塔索對他的漁夫朋友一無所求。他不會像以前在當法官時要求律師那樣，要他在法庭上簡明地陳述某個案件。塔索沒有必要去操縱、剝削，或用任何手段差使他的漁夫朋友做任何事。沒必要！塔索只希望他的朋友單純地在他身邊。他可以和他聊天，笑談天下事，玩一手牌，或許最重要的是，當他們一同凝望著大海時，可以共享那份寧靜。伊比鳩魯認為，無言的交流是真正友情的標記。

對於把「日常俗務與公眾事務」的世界留在身後的老人，這種情誼是莫大的禮物。對那些還在職場上打拼，想抓住青春尾巴的老人來說，這禮物可不是說要就有的。

~

在伊比鳩魯的快樂清單中，陪伴位居首位。他寫道：「在智慧所能成就的美滿人生裡，擁有友情顯然是最重要的一件事。」

這句話在新英格蘭伊比鳩魯協會這高檔俱樂部裡，那些喜歡穿得體面大啖魚子醬和生蠔的富有成員聽來，可能很震撼，但伊比鳩魯相信，選擇跟誰吃晚餐，遠比選擇吃什麼重要多了。「在你吃喝之前，要仔細考慮的是與誰一道享用，而不是吃些什麼。因為沒有朋友一同用餐的生活，和獅子或野狼過的沒有不同。」

所謂友情的快樂，伊比鳩魯指的是人與人互動的各種面向，從跟親近的朋友經常深入討論哲學問題——那種他在伊園餐桌上享受的漫長時光——到在街頭上和認識或不認識的人隨興交談，都算在內。至於談話對象的教育背景或社會地位，他一點都不在乎；事實上，真正的友誼是接納對方本來的面貌、愛對方本來的面貌，而不是他達到的成就。愛與被愛可以讓一個人肯定自我，克服孤獨和疏離的感覺。愛與被愛讓人心思清明。

如果說這帖快樂的處方，聽起來像流行歌歌詞裡的蠢話（我年輕時，納京高（Nat King Cole）雄居排行榜的『純真男孩』裡有段歌詞說，『你將學會的事當中最偉大的一件，就是愛與被愛』），就算是吧。它不巧還很有道理。薩摩斯島的哲學家肯定這麼想。當我們來到了可以把政治跟商業拋到腦後的年紀，毫無疑問友誼自是彌足珍貴。

和我經常共同寫書的畢生老友湯姆．凱瑟卡（Tom Cathcart），跟我一樣經常從和陌生人攀談中獲得啟發，也許是在火車、飛機上，也許在書店裡或在公園板凳上遇到的。湯姆很能讓人打開心扉說出自己的遭遇，我們也都喜歡聽這些故事。而比聽這些故事更有意義的是，我們與他人產生了聯繫。這種慰藉無與倫比，是一種與他人交流所帶來的慰藉。

現在我和湯姆都垂垂老矣，髮鬢灰白而且童山濯濯，我們發現這樣子要跟人家隨興閒聊反而容易。為什麼？我們想了一下子才想通，想通後忍不住大笑：老人無害嘛。我們不像會做壞事的人，因為我們看起來就是一副壓根不會作惡的樣子——呃，除了無趣得要命之外。當我們了解到，我們攀談的女人沒有一個有那麼一秒懷疑過我們另有所圖，這還真是讓人哭笑不得。雖然不得不承認這情況令人心碎，但畢竟她們是對的。

年老時同病相憐的慰藉

塔索的牌搭子裡那位退休老師要求換手，他要去小解，這是一小時內的第三次。都是他該死的攝護腺害的！他嘴裡這麼叨唸，旁邊幾個傢伙揶揄他，那漁夫還說攝護腺那麼大，都可以當魚餌去釣鯊魚了。看著這位老師一邊闊步往洗手間走，一邊嘟嘟囔囔，我想到蒙田對有病痛的人給的建議。

蒙田是十六世紀的法國散文家，熟知伊比鳩魯的觀念。他概述了這位希臘哲學家的快樂算式，寫道：「根據伊比鳩魯，我認為，如果快樂會帶來更大的痛苦，那麼我們就要避開快樂。相反的，如果痛苦會帶來更大的快樂，那麼我們就欣然面對痛苦。」就像伊比鳩魯，蒙田深信，友誼以及隨之而來的美妙交談，是我們可以得到的最大快樂。在他的散文〈論虛榮〉裡，這位法國哲學家寫道：「友誼的臂膀足以從世界的一端伸到另一端。」

蒙田在一篇散文裡詳細談到老年生活，他主張說，對治老年的病痛，最好的處方是跟朋友訴苦，他說：「如果吐苦水可以讓身體舒服些，那就找個人吐吐苦水。如果全身動一動有效，就隨意打滾吧。如果大聲叫一叫（有些醫生認為這樣有助於產婦生產）能讓病痛消失或至少分散對病痛的注意力，那就盡情吼一吼。」

蒙田認為，如果我們不能在朋友面前毫不保留地吐苦水，就是平白浪費了人老了之後最好的緩解劑，為的只是維持某種愚蠢的得體罷了。今天在某些老人的圈子中，這種輪番吐苦水的奏鳴被叫做「器官演奏會」，天曉得，這確實分散了對病痛的注意力，多少有吧。

喜樂地面對死亡

太陽慢慢沉下，靠近地平線時顯得更大了，隨著陽光逐漸被地表遮蔽，天色黯淡下來。日落的折射光在海面上投映出一片淡玫瑰色的光輝，坐在塔索桌邊的四個老人暫停談話，一同望著天光消逝。

伊比鳩魯並不怕死。他說過一段很有名的話：「死亡跟我們沒關係，只要我們還在，死亡就不會來，而死亡一旦來，我們就不在了。生命的消失並非罪惡，死亡不會比降生前的虛無更令人憂慮。」

後來的哲學家，像丹麥的哲學家兼神學家齊克果，對伊比鳩魯這句名言就不以為然，他覺得這樣子講太過於簡化問題。畢竟，「當我們還在時」，我們會意識到將來有一天我們將不在，而這一點便使得一切天差地別。事實上，照齊克果的說法，對存在的「恐懼與怖慄」已足以撼動一個人，不管是年輕或年老的。

雖然塔索桌邊的這些人至少表面上都是希臘東正教的教徒，那是一個允諾信徒會有個美好來世的宗教，可在我看來，他們就跟一般凡夫俗子一樣，不能免於死亡恐懼。但我想他們會在伊比鳩魯臨終前寫給他朋友依杜曼納斯（Idomeneus）的遺言裡找到慰藉：「在這極樂的一天，也是我生命的最後一天，我要告訴你，多年來，我因為痛性尿淋瀝（膀胱痙攣）和痢疾所受的痛苦大到無以復加，不過一想起過去與你的交談，心中所湧現的快樂，每每讓我忘卻那痛苦。」

每個人心中都藏有一個愛玩的小孩。

——尼采

第二章

無人的陽台

時間與忘憂珠

從海上看過來，伊德拉島顯得虛幻飄渺，泛著微光的薄霧圍繞著小島，而一艘艘接踵而來的水翼船濺起的浪花，讓景色更顯迷濛柔和，像是漂浮著一般。但是在島上，即便天空像今天這樣多雲陰沉，每個景致的細節還是清楚可辨。一哩外伯羅奔尼薩島海邊的一顆岩石的影子，看起來跟我窗外的檸檬樹一樣清晰。由於伊德拉島像一座馬蹄形的陡峭山丘從它的主海港隆起，山丘上蓋有許多房子，這使得人人成了無辜的窺視者，難免會窺看到遠方人家的院子和陽台上的私密情景。

這會兒我正看著一位穿著花色家居服的中年婦人，一邊晾衣服，一邊跟牆頭上一隻棕白色的貓聊得很熱絡；在她上方有兩座陽台，我看見兩個小學生翹著腿坐在院子門口的涼蓬下，其中一個從背包拿出一本圖畫書，另一個大口咬下塗蜂蜜的大片吐司；在山丘頂端，我清楚看到一個又高又胖的東正教牧師，穿著黑袍戴著高頂帽，神色堅毅地坐在院子裡的長凳子上，他嬌小的老婆站在他身後嘮叨，大概是他今早上港區時，忘了買什麼東西回來。這是伊德拉島的光馳名的魔力，它把日常生活變成私密劇場。

我住的這間刷白的十九世紀房子，每扇窗都裝有兩根呈十字交叉的鐵條。「免得土耳其人闖進來！」有些島民這麼說，有些則是說：「免得阿爾巴尼亞海盜入侵！」這些鐵條顯然很有用：沒有哪個土耳其人或阿爾巴尼亞人爬進我房裡。我從窗下的書桌往外望時，這些鐵條不但沒擋住視野，還把整片視野分隔成四格美景：一格是散佈著屋舍的山丘，一格是杏仁樹林，一格是港灣，一格是大海。

我的住處高踞山丘上，從港灣那一格望去，我可以看到狄米崔小館的陽台，現在那裡空蕩蕩的。雲霧聚攏，山雨欲來，我猜想塔索跟他那些朋友們，要不是躲進館子內吃喝，要不就是取消了今天的樂宴。

不管會不會下雨，我倒是餓了。吊在屋內一只網袋裡的無花果，要乾不乾地無法入口，我決定到狄米崔小館吃點東西。路上經過塔索家，我瞥見他一個人坐在三樓的陽台上，看起來正陷入沉思。

~

小館裡只有狄米崔一個人，坐在廚房裡聽BBC播放新聞，他八十歲的老父親埃諾斯坐在用餐區遠端靠窗處，邊看昨天的雅典報紙，邊撥弄komboloi，由三十三顆琥珀珠串成的念珠，也就是英文裡說的「忘憂珠」。

跟島上許多男人一樣，狄米崔年輕時是個水手。他一路力爭上游，後來當上無線電通訊員，這職務讓他學會了一口流利的英文，還略通東、西方一些外語。三十幾歲時他返鄉定居在伊德拉島，開了這間小館子，娶了他聘來當廚子的當地女人。人生本來就有不同階段這個概念，就狄米崔來說是很自然的。

我發現，比起一九六〇年代我頭一回來到島上那當時，現在會念忘憂珠的人似乎少很多，我問狄米崔這個傳統是不是正逐漸消失。回答之前，他先比了個手勢，要我從廚房前擺的幾個鐵盤裡點餐。跟平常一樣，我可以在焗烤茄子肉醬（moussaka）、鑲餡櫛瓜、希臘式千層麵[1]，以及狄米崔的拿手菜，烤羔羊佐馬鈴薯，之間挑選。我二話不說就選羔羊肉，不管它的肉汁上圍了一小群蒼蠅。狄米崔關掉收音機，為我盛了一大盤羊肉，倒了兩杯松香葡萄酒，坐到我對面來。

「首先，『忘憂珠』一詞就譯得不好，」他開口：「它在希臘文裡的意思比英文裡的要來得豐富，希臘文Kombobli這個字根本無所謂憂不憂的。」

每次跟狄米崔談話，他都會露出一副誨人不倦的老師模樣，我知道他很樂於解說他的文化。事實上，他也是一個非常敏銳，有國際視野的人。

「Komboloi跟時間有關，它把時間的空隙拉大，讓它停駐。」他繼續說。

把時間的空隙拉大，讓它停駐？就跟我認識的許多希臘人一樣，狄米崔自然而然便講到形而上的觀點，雖然他不會這樣稱呼它們。他只是單純地表達他的世界觀，而在他的世界觀裡，時間是可塑的，是多面的，並不只是建立在星球移轉和客觀時間的基礎上，它同時也跟我們個人如何理解它有關。所以對狄米崔而言，時間會因為每個人經驗它的方式不同而不同，更別說一個人選擇如何經驗它。

---

1 pastitsio，加了絞肉的希臘式起司通心粉，這名字從義大利文pasticcio來，意思是大雜燴，這詞可以形容大部分的希臘菜。

當二十世紀的存在主義哲學家和現象學家決心把對時間的主觀知覺擺在首位，在當代哲學界，時間不單是線性的、可測量的、客觀的東西這概念，仍被視為是激進的。為了回應科學世界觀至上的情況，這些哲學家力主，我們體驗時間的方式，終究說來更關乎人類哲學。如此一來，他們便把狄米崔對時間本質的自然感受，拉到了哲學的高度。

胡塞爾之流的現象學家提出一個跟「物理時間（clock time）」（也就是客觀的、科學的時間）相對的「主觀時間（lived time）」。在他們看來，「主觀時間」是很基本的，因為我們「受限於時間」，深知人生是有時限的。所以我們會用個人獨特的方式來感知時間。一些概念像是「現在」、「還沒有」或「等很久」的意義往往因人而異，同樣地，也因不同時期而異。如果我說：「人老了後，總覺得一年一年過得特別快。」若有人回我說：「沒這回事！你知道每年的時間都過得一樣快。」我並不會受影響，因為我很清楚那些年過得有多快。

狄米崔可以輕易地區分「物理時間」跟「主觀時間」，這一點都不奇怪。在古希臘文裡，這兩個觀念分別由兩個字代表：chronos代表時間的向度和長度，從過去到現在到未來不斷移動。舉例來說，當有人說：「明天中午我們港口見」，指的是這種時間。而Kairos指的比較是時間的「質」而非「量」，特別是某個時機，譬如像：「清算我這一生最好的時光」這句話中所指的時間。Kairos描述了時間對個人的特殊意義，相對於空間所具有的普遍性，時間就格外具有個人性。

我裝到皮箱裡的另一本書，是伊娃．霍夫曼（Eva Hoffman）用一整本書發人深省地談時間這個議題，她闡述在各種文化之間，或是某個特定文化下的不同人生階段，人對時間的體驗如何不同。霍夫曼引述了一位羅馬尼亞詩人的話，來談她在二十世紀末期對時間的感受：「有超過三十年的時間，我住在不透明的共產世界裡，在那裡時間毫無價值。我們所能做的就是聊天，這些聊天有時還蠻愉快的，但就是沒有休止，聊到煙灰缸塞滿煙蒂，酒瓶東倒西歪，聊上一整夜，宿醉的早晨還是繼續聊。時間對我們來說是凍結的，沒有人會急著上哪裡去。」

不管雅典的政治情勢如何，伊德拉島的生活步調總是徐緩的。這裡沒有馬路也沒車，所以主要的移動方式——也就是走路跟騎驢——將此地生活的調性定在主觀時間。他們自己界定什麼叫快，什麼叫慢。這裡不會有摩托車從你窗外呼嘯而過，所以不會有臉孔碎裂的景象和永遠拼湊不出來的物體。不會有關鍵的幾片瓷磚永遠消失不見的馬賽克畫。

因為這座島上山巒相連，地面多是岩石，崎嶇不平直至海岸，所以小徑多半高低起伏，使得行走時相對上速度要放慢，不管是怕被絆倒，或要保持體力。也因為這些小徑繞過了巨礫和屋舍，極其蜿蜒迂迴，掠過的景致有的完整，有的只能意會。來到這裡只消幾天時間，我的內在時鐘就可以適應這步調，隨之而來的，是放慢速度欣賞一切的閒情逸致，欣賞從周遭看到的、聽到的，以及我身體的移動所帶來的感受。

上了年紀的人行動緩慢。我們的崎嶇地勢位於內在——易碎的骨骼、無力的肌肉、虛弱的心臟。我們的行動遲緩是身體器官衰老的結果，但往往也被看成是衰老本身——由動作緩慢展現的虛弱。

我們這些老傢伙純粹是被迫放慢腳步——伊德拉島的人則基於不同的理由這麼做——這豈不是好事一樁？來到這地方，我上了年紀的步伐竟然一步步和周遭的人變得一致，我才發覺到自己習慣性地抗拒悠閒步調；我不想對遲緩讓步。這是我不知不覺一直服膺於「永保青春」精神的另一個表現。而今我倒是清楚看見了緩慢非比尋常的好處。

緩慢有種優雅，我發現自己輕易地融入其中，在緩慢中我覺得行止流暢，甚至帶有一些美感，讓人想到打太極拳那種行雲流水的質感，但完全沒有打太極的一招半式。有時候，我會不慌不忙地從椅子上起身，先是測試一下平衡感，然後小心翼翼地打挺身子站直，接著踱方步走到窗邊，自覺在跳著老人最自然優雅的舞步。念頭和動作一致。沒錯，我正屈服於上了年紀的限制，但一點都不覺得挫折，事實上有時還覺得十足有尊嚴。

伊比鳩魯會要我們盡量去品嘗生活中的每一刻，而充分品嘗這些經驗需要時間。雖然我慢悠悠地嚼著狄米崔的羔羊肉的原因之一，是我顫危危的牙齒，但這樣子細嚼慢嚥，也增添了不少樂趣；緩慢正是它的佐料啊。

在她談論時間的文章中，霍夫曼將她剛移民到美國時所經驗到的美國時間，來跟她緩慢的「主觀時間」做比較：「在美國，時間不只是過得較快，還帶來更大的壓力。」她觀察了美國時間和美國人的焦慮之間的關係：「人人苦於某種壓力，不是怕做得不夠，就是擔心也許可以做得更多，或者至少會因此感到得意或歉疚。」

永保青春的人往往選擇「被時間追著跑」作為「主觀時間」，即便到了晚年還是用這樣的步調生活。當然，從這觀點看，主觀時間可能以某種急迫感追著人跑，一種來自於我們深知自己來日無多的急迫感；我們體驗的是一種令人恐慌的時間。

老年的無聊

不老族總愛用一個頗具說服力的理由，來說明為什麼他們老是讓自己那麼忙碌：它是克服時間的漫長折磨——無聊——的一大對策。的確，除了生病和死亡之外，無聊是老來最讓人害怕的事。

沒有什麼比老來生活無目標、不會有令人興奮的事來臨、沒什麼性慾、沒什麼體力，連去森林裡露營都覺得麻煩而不是娛樂，更讓人覺得無聊。雪上加霜的是，老年人無可避免地會發現——儘管在狄米崔小館常有聚會——這輩子從來沒有那麼多獨處的時間，有大把的時間，但無事可做。一大片無聊單調的空白。

我這趟旅行帶的另一本書是挪威哲學家史文森（Lars Svendsen）的《無聊的哲學》，很值得我放進行李箱的書。這是一本難得一見的當代哲學作品，既有學術的敏銳，對時下一般人所焦慮的事，也懷有同理的關注。

史文森指出，「無聊」是相對新穎的概念，源於十八世紀晚期浪漫主義及其所強調的個人至上。人們被浪漫主義的理念鼓吹著去創造個人的認同，以及個人的生命意義，而不是安分地接受傳統與社會所賦予的角色。它的缺點，照史文森的說法，在於「一個運作良好的社會，的確可以提升人尋找生命意義的能力，但不具備那樣條件的社會則沒辦法做到。前現代的社會裡往往存在著集體性的意義，而這集體性的意義便已足夠，但對我們這些『浪漫主義者』而言，世事變得更有問題。」因為對於我們，尤其是一些已經跟傳統的上帝和宗教失去穩固連繫的人來說，生命意義得來不易，有時候根本是遍尋不著。

相較於「情境性的無聊」（譬如說，在泌尿科候診室枯等兩小時的那種感覺），「存在性的無聊」指的是一個人被鎖在自我當中，不管什麼事他都找不到意義，甚至連試都不想再試。這種全面的空虛感，法文裡的 ennui 一字捕捉得最貼切。柯爾．波特（Cole Porter）有一首英文歌「你打動我的心」（I get a kick out of you）讓這個字變得熱門：

一切都令我徹底心灰意冷
唯一的例外我知道的是
當我安靜地自外於歡鬧人群
徒勞地與長年的無聊搏鬥……

生活裡沒有什麼是有意義的，也沒有什麼是有趣的，人就此進入無聊狀態。一個無聊的人甚至會渴望自己可以有所渴望，他時間太多，卻沒有什麼事非做不可，他會無聊到死。我們這些多愁善感之輩對這種「存在性的無聊」都再熟悉不過。

因此，照史文森的說法，現代人常會為了殺時間，去編織個人目標，追尋有挑戰性的活動，最重要的，追求新鮮。新經驗和新鮮事不可能會無聊，不是嗎？這個嘛，顯然通常是這樣沒錯，所以當上一家公司的副總裁後，另一個目標隱隱然出現在前方——當上資深副總裁，然後是總裁，然後是一家更大公司的總裁，再一家更大公司的總裁。這個過程永無止境，永遠無法滿足你，而在某個節骨眼，你會開始覺得一切索然無味。新鮮事本身會變舊，前往死前必訪的第十二個地方，遊歷異國風光這件事可能會變成老梗，因為那種「奇異」的感覺，你已經嘗過十一次了。老年人常對新鮮事的半衰期特別有感，我們嘴裡就常會冒出這樣的句子：「萬變不離其宗啊！」或是「活到這把年紀，我是古井無波，沒什麼事會嚇到我了。」

如果一個人無法賦予生活某些意義，或者賦予生活的某部分意義，那麼他的生活便只剩下讓他從無意義感分心的事，雖然很少人承認他們是如此。但我們大概從這兒那兒得到許多暗示，暗示這些讓人分心的事本身也沒有意義。史文森寫道：「最好動的人正是那些最不甘寂寞的人。我們幾乎不得閒，總是一件事接著一件事做，因為我們無法面對從中攔截的「空虛」時間。而弔詭的是，這被事情塞得鼓鼓的時間，待事過境遷回想起來，卻往往讓我們覺得空虛得可怕。」

我有同感，特別是在這個年紀。回想我曾經耗上一整年時間，不顧一切地去追求某個狂野迷人，卻極度善變的女人。當時我認為贏得她的芳心生命才有意義，其實那時我才從隱遁山林的那一年重返工作，拼了命地想重燃從前為電視節目寫腳本的熱情。我覺得自己迷失了，茫茫然無所適從。當然，追求這個女人終究並沒有為我的生命帶來任何意義，事實上，在我喘吁吁地達到目標後，在某個時間點上，我倒覺得無聊了。我無可避免地還是回到某種空虛感，而一開始讓我去追那女人的，正是這種空虛感。

「對新鮮事的熱烈渴盼，注定隱含著失望。」許多諷世箴言常帶有這樣的寓意。一如貝都因人的諺語：「當心你所渴欲的東西，因為你總會得到它。」而我最喜歡的，是王爾德說的：「世上只有兩種悲劇：一是得不到你想要的；一是得到了，結果卻糟糕透頂。」

在史文森看來，現代人面對無聊的方式只是治標不治本，淨找一些「意義的替身」——就像我追求的那個善變的女人——而不是靜下心來，盡量想一想有意義的生活應該是如何。

用超級忙碌來對抗老來無聊的「永保青春」對策，聽起來無疑就是「老樣子，老樣子」——用「意義的替身」來收尾，直到苦澀的終點。

可是，一個老人如果不讓自己很忙碌的話，他要如何消遣呢？茫茫然度日？整天昏睡？還是像我媽那樣，成天沒完沒了地嘀咕著，怎麼別人都不會老，就只有她變老了呢？

老年的玩樂

對許多哲學家來說，「悠閒」實在是老年人最好的禮物，不管這悠閒是被迫的，還是自己選的。它讓我們有時間去從事人類一項奇妙的活動——玩樂。二十世紀的英國哲學家羅素在他廣為流傳的一篇政治文章「悠閒頌」中，教訓我們不會利用空閒時間玩樂：「當忙裡偷閒是一種快樂，有人會說，如果一天只要工作四小時，那麼人們將不知道如何填滿那些多出來的時間。現代社會確是如此，在我們所處的文明裡，閒散會遭譴責，在以前的年代從不會這樣。以前的人有能耐活得無憂無慮，有能耐去玩樂，現在這種能力在某種程度上被崇尚效率的迷信所遏止了。現代人認為做每件事都要有一個理由，從來不是想去做而去做。」

當代才子史蒂芬·萊特（Steven Wight）更簡潔地做了個對比：「辛勤工作贏得未來，懶散贏得現在。」

如果我們這些老傢伙還記得怎麼玩樂的話，那麼可以把我們從無聊中拯救出來的，就是玩樂這件事。羅素說的沒錯：純粹為了玩樂而玩樂已經被貶為浪費時間，結果我們似乎失去了可以讓自己獲得人生最大樂趣的能力，而這種樂趣格外適合我們老年人。

我帶的另一本書是談娛樂的經典著作《遊戲的人——對文化中遊戲成分的探討》（*Homo Ludens: A study of the play element in culture*），作者是荷蘭的歷史學家兼哲學家約翰・威津卡（Johan Huizinga）。哎，不像史文森那樣把「無聊」帶到生活裡，威津卡是到死都在分析「遊戲」。在將「嚴肅」（seriousness）與「趣味」（fun）做了一連串的哲學式解構後，我們確實瞭解到這兩個概念沒什麼共同之處。不過，威津卡的某些觀念，在我看來用來談老年哲學很是貼切。

遊戲不只是人類普遍的文化，而且大多數動物也都是頂尖玩家。不管是一雙幼熊在一條小溪裡彼此潑水嬉戲（雖然從牠們老媽沒耐性的反應看來，牠們應該要去學怎麼抓魚），或是我的狗史努克斯在我家院子裡繞著雲杉跑，一圈繞得比一圈大，很是自得其樂——為了玩樂而玩樂顯然是動物固有的本能。對於我們這些沒有翅膀的兩足動物來說也是，尤其是當我們還處在尚未被要出人頭地或有所作為的觀念掃了興頭，可以純粹只是遊玩閒蕩的人生階段。

從純粹玩樂轉成競爭遊戲的演變——古希臘的奧林匹克競賽就是一例——是頭幾件讓人掃興的事之一。我們不再毫無目的地單純玩樂，反而開始注意記分板。時下把體育活動嚴肅地視為自我精進的作為，加上個人教練和彈性人造纖維製的怪異服裝等配套，差不多把「玩樂」僅存的一絲絲無憂無慮給抹煞了。就連散步，行走的距離和所花的時間現在也通常要紀錄下來，然後跟先前的紀錄相比，好讓我們不斷超越自己，達到最佳表現。玩樂不再是我們閒暇時會去做的一件事，它成了被擠進我們的行程裡的另一項野心勃勃的活動。

通常在使用「遊戲」這個字眼時，潛藏底層的一個概念是「忘我」。當人在進行表演時，扮演某個角色就是忘記自己；沒錯，這整件事就叫做「演戲」。在遊戲裡，我們躍入想像的國度。柏拉圖指出，「跳躍」是很多和遊戲有關的字眼的根本概念；他相信跳躍的欲望，就像開心的時候會跳起來一樣，對所有有腳的動物來說，包括人類在內，是很基本的欲望。在我們的想像裡，我們把幻想演了出來——譬如說，我們變成了圓桌武士，或者在單人牌戲裡，人類的命運取決於我們是否突破萬難獲得勝利。即便我們玩的遊戲有明顯的標的——譬如說棍球——遊戲規則終究說來並不重要：不管我們贏或輸，甚或有沒有一五一十照規則來，在非遊戲的世界裡都不會有嚴重後果；畢竟，那只是一場遊戲而已。

當然，我們也會在嚴肅的事情上忘我，譬如在工作上，但關鍵的差別是，在非遊戲的活動裡即便忘我也不會忘記目標是什麼。譬如說，我們可能寫一則商業備忘錄寫到忘我，然而這整個過程裡盤旋在我們頭上的事實是，我們得在下班前把它做完，而且要做好。純粹玩樂的唯一目標就是單純去玩樂。我們甚至不是為了開心而去玩樂；我們純粹只是要玩得開心。只要問問小孩子就知道，或者問問聒噪的幼態：他之所以去玩不是為了找樂子，他只不過是有美妙的時間去玩。

玩樂的老人

我記得我頭一次看到老人開懷玩耍，是六〇年代初在巴黎的時候。當時我在索邦大學讀哲學研究所，修的課程，即便讀英文也讀得我一頭霧水，更何況是讀法文，我感到有點寂寞和可悲，就像後青春期，隱約帶著浪漫情懷的巴黎佬會有的感覺。我常捧著我那七百頁厚的沙特名著《存在與虛無》悶悶不樂地散步。一回我晃過第五區一座石砌拱廊，那拱廊通往被稱為呂特斯競技場（Arenes de Lutece）的公園。在這近乎隱祕的地方，我不期然看到第一世紀的羅馬前哨遺址，一座龐大的露天圓形競技場。

我登上那競技場的頂端坐下。在我下方，格鬥士曾經玩著致命遊戲的同一片土地上，有六個法國老人在玩滾球，草地保齡球的一種變異。我馬上被那群老人的優雅與端莊深深打動：他們全穿著西裝，打著領帶或領結，有些戴著休閒的貝雷帽，舉手投足既彬彬有禮又親切溫暖——一有人擲出漂亮的一球，其他人都會斯文地欠身致意。他們經常微笑和大笑，不時輕鬆地拍拍彼此的肩或背。最重要的是，這六個體面莊重的老頭兒可是玩得熱情有勁。

這景象令我深深感動。我的心突然充滿了久違的希望，雖然當時我不懂何以如此，也沒馬上認出這種情緒。那群玩球老人的快樂向我蕩漾、感染了我。現在回頭看，我相信，當時我所感受到的愉快大多來自一個事實，那就是和我相比，這些老人已經步入生命的尾聲，卻仍然陶醉在活著的喜悅裡。我想不到還有什麼事更能激勵正跌跌撞撞步入成年的年輕人。

這群法國老人的喜悅，是他們沉醉於玩樂的結果，還是玩球讓他們表現出已經常駐他們內心的喜悅，成為一個傾瀉喜悅的出口？這是哲學家和心理學家（還有威津卡）會問的那種問題，但是光知道純粹玩樂和喜悅之間有著密切關係這一點，我已經很滿足。

我很確定，看到那場滾球後沒幾天我便休學不是巧合，休學後我趁著錢用光、必須回美國賺錢謀生之前，盡情地享樂一番。也許我本性裡有著伊比鳩魯傾向：我受鼓舞去玩樂。也許我從一個很棒的詞源學例子得到慰藉，那是索邦大學一位愛嘲諷的同學教我的：在古希臘裡，指涉學校的字眼最初意義是「閒暇」。這位同學告訴我，柏拉圖在他的對話錄《尤西德姆斯篇》（*Euthydemus*）裡把這概念帶回家鄉，在那觀念裡，蘇格拉底批判詭辯學家，主張一個人在閒暇時「玩味」觀念所學到的，要比坐在課堂裡學的多。而師承柏拉圖的伊比鳩魯，享樂的一代宗師，深信學習和愉悅之間有著一種簡單而優美的連結：教育的整體目標是要讓心靈及感官與生活的愉悅調和一致。

無需多言，我走出了課堂！

看過老人玩滾球後沒幾個禮拜，我在西班牙鄉間晃蕩，偶遇一群老人和小孩在採收杏仁。他們合力把幾張毯子鋪在杏仁樹下，小孩子拿竿子或耙子搖動樹枝，讓果子的蒂頭鬆脫，老人們站在毯子邊緣，把飛到毯子外的果子踢回毯內。真是完美的分工：小孩子使勁地搖，老頭子悠閒地踢。

看著他們好一會兒後，我感覺到他們的動作裡有種規律的律動，搖和踢交叉的迷人節奏，可媲美艾文．瓊斯（Elvin Jones）的鼓獨奏。半晌後，千真萬確，他們唱起了歌謠，曲調節拍和著他們的動作，我敢說那歌謠隨著西班牙老老少少合力採杏仁傳唱了數百年。

這歌謠他們顯然很熟悉，但在我聽來像是，這麼說吧，從他們的喉嚨即興蹦出來的一種開心的跳躍。他們把工作轉化成遊樂，而且就像純粹的遊樂那樣，他們玩得忘我。那是一種共同的超越，比我在猶太教堂或天主堂聽過的讚歌或禱文吟唱更令人振奮。聽著這群採杏仁的人唱歌，我的精神跟著昂揚。

小孩子天生是老人的玩伴。兩者之間有著共通的美好品質，是介於未成年和老年之間的棘手階段的人所沒有的。首先，我們老人都自然而然喜歡緩慢。小孩子會不慌不忙地重複同樣的動作，譬如說用積木堆高塔，一堆就花好幾個鐘頭，而且當積木搖搖欲墜而倒塌，他們會樂得咯咯笑然後從頭再來過。在我現在這個年紀，我也會喜歡那樣的活動，我也可以輕易地玩得忘我。我不會急著要一勞永逸地把高塔堆起來，就像我還是個中年老爸那樣，始終拋不開堆完那沒完沒了的積木後，等著我的緊迫責任。在那當時，我甚至會因為煞費工夫堆好的積木不可能永遠不倒的徹底徒勞而感到挫敗；這過程裡濃厚的薛西弗斯神話意味，把我打入存在的憂慮中。不過我現在不會了。堆積木的目標——拔地矗立的高塔——達到也好，沒達到也無所謂。事實上，當高塔崩塌，我現在也會大笑三聲。小孩子和這把年紀的我擁有的是不摻一絲雜質的趣味。

小孩子和老人共通的那種自然而然對緩慢的喜好，會導向共享的智性遊戲——沒錯，智性遊戲。會問爺爺「鳥為什麼會飛？」或「寶寶從哪裡來？」的小孩子問對人了。因為老人可以趴在地上回答這類的問題；他不會急著給最後的答案。因為年幼的和年老的都知道，應付完翅膀和受精卵這些事實之後，他們還要面對許多基本哲學問題，譬如說，生命的目的（會飛？）以及事物的最終起源（第一枚雞蛋是從哪來的？）他們共享著所有哲學探究的基礎：純粹又有趣的好奇。這就是小孩子聽到阿公給的每個答案之後為什麼會一直問「為什麼」的原因，也是阿公為什麼會開心地一直想出答案來直到太陽下山的原因。

當我說起我最愛的哲學笑話，笑得最大聲的總是小孩子：

安德烈：是什麼撐起這世界？

俄瑞斯特斯：當然是巨神阿特力士。

安德烈：那麼阿特力士是誰撐起的？

俄瑞斯特斯：烏龜，他站在一隻烏龜背上。

安德烈：那隻烏龜又站在什麼上面？

俄瑞斯特斯：另一隻烏龜背上。

安德烈：那另一隻烏龜呢？

俄瑞斯特斯：我親愛的安德烈，這一路下去都是烏龜啦！

小孩子比介於幼年和老年之間的任何人，都更能領會這有關無限回歸（infinite regression）對話中的有趣怪誕。

在我的經驗裡，說到純粹嬉戲，友善的動物和老人也有一種明顯的共通性。我老來越來越常玩的一個遊戲是，跟我的狗史努克斯在地上打滾。這帶給我莫大的樂趣，屢試不爽。

那麼，老頭子和愛狗在草地上打滾這件事感覺起來如何——或者，用胡塞爾（Edmund Hussel）的話來說，「老人與狗在草地上打滾」是什麼現象？（至於遠古時代的個人評論者所做的事——紀錄他們的經驗感覺起來如何——如何轉變成一門抽象學問，就留給中歐哲學家去思考。）

首先，這感覺起來很蠢。我覺得自己蠢斃了，忍不住開始哈哈大笑。我一哈哈大笑，史努克斯就會跳到我肚子上開始舔我的臉。我會逗牠玩把牠推開，也就是說，我不是真的想把牠推開，而且史努克斯也懂我的心意，所以牠會一直跳上來舔我，然後我們繼續又滾了好幾回。整場遊戲大致是如此。

這無疑也有生理面的因素——大概跟打滾和大笑如何影響大腦血液循環有關——不過就算如此，我感覺到的是一種飄然存在的輕盈。我感覺到無以倫比的快樂。如果這就是所謂的返老還童，我很高興自己享受到了。

有位鄰居時常碰見我和史努克斯在打滾。在這種情況下，我相信看在我的歲數的份上，他們在背後評論時會多一些寬容。無論如何，我很開心地說，史努克斯和我都玩得不亦樂乎。

在陽光普照的日子裡，我只需眺望便能看見狄米崔小館陽台上塔索那一桌，體認到老人的最佳玩伴：他的老朋友。幸好我在家鄉也有自己的塔索一桌。

三十年前，我們仍是四十出頭時，我的朋友老李，一位喜劇作家，找了幾個風趣的傢伙成立了一個午餐俱樂部。他樂觀地——我們最好要長命百歲——把這個俱樂部叫做怪老頭。老李腦裡想的是類似阿爾岡昆圓桌俱樂部[2]的聚會，但卻不可避免地演變成一桌子鬧哄哄的痞子聚餐。

我們還是每幾個月就會找個便宜的餐館，瞎掰鬼扯言不及義好幾個小時。也許會說起嚴肅話題——譬如說，最近的政治醜聞——但這只不過是

2 Algonquin Round Table，一九一九—一九二九年紐約市一群幽默詩人、小說家、評論家等經常在阿爾岡昆飯店聚會，唇槍舌戰談文說藝，飯店二樓餐廳的一張圓桌，就是他們所謂的「圓桌俱樂部」午餐聚會之處。

一連串插科打諢的引子，然後玩笑話一個接一個，一再被加油添醋，很多都以我們父執輩那種悠哉的老式口吻來說，扯出一大堆怪咖和風馬牛不相干的枝節，笑話變成細膩入微、穿鑿附會的故事，一種波希特地區[3]式的魔幻寫實。看誰說笑的功力好這種較勁意味很淡，不過當然啦，說出差勁的雙關語還是會被噓得很大聲，大到侍者往往會被嚇到的地步。

我們這些老頭子笑自己很蠢。

我們要的，根據威津卡教授的排序，是人類休閒消遣的最高形式之一：玩味文字和觀念。打趣說笑，把這世界帶入想像裡，加以把玩，然後厚顏無恥地從頭到尾把荒誕當真實。

我理解到的老人嬉戲的極致

看見西班牙鄉間的老人和小孩採杏仁的五年後，我頭一次看到希臘老人跳舞，那種如癡如醉的嬉戲形式，在那之前我從沒見識過，之後也沒看過比它更熱烈的。在那當時，伊德拉島對我來說仍很陌生，也還沒結識後來豐富我人生的很多朋友，不管是希臘人或是異地來的。

從我那山腰上房屋的窗戶往外望，一輪滿月在伊德拉島上刷白的屋舍和石徑灑下銀光，看起來像白天風景照的底片。在陽光下顯得荒涼的一切，在月光下看似幽魅，從窗口瀉下的虛幻天光，蠱惑我走出屋內，到濱海走道上夢遊般地漫步。周遭一片寂靜，除了偶爾有驢子叫和公雞啼聲，我格外意識到這島上原本有的背景噪音全沒了。沒有汽車的島重新定義了寂靜。

然後我聽到從主港口方向飄來的音樂，起初只是低音音符斷斷續續振動，隨著我往音樂聲走去，接著是以突厥式撥彈法彈奏布祖基琴

3 borscht belt，紐約州卡茨基爾一帶，渡假勝地。

（bouzouki）的樂音。我循聲來到一家名叫露露的小館，這時才聽出那旋律，是米奇斯·特奧多拉基斯（Mikis Theodorakis）的經典歌曲，由於他參與反法西斯活動，他的歌當時被獨裁政府所禁。露露小館的大門深鎖，只有一扇窗沒有窗遮板而且敞開著。我探頭往內瞧。

五位老人肩並肩跳舞，他們高舉的手拉著把彼此串聯起來的一條條手絹。他們粗獷的臉斜仰著，神情自豪、叛逆，而且得意，令我印象深刻。個個使勁要把背挺直，雖然沒有人真的做到，可是他們的腿順暢地踩著向側面跨的舞步，優雅又協調。歌曲接近尾聲時，音樂漸次加速，他們的步伐也跟著快了起來。漸強的音樂達到高點後的好一陣子，他們默默站在原地，高舉著手臂。沒有人大喊oopa！我後來知道希臘人習慣上會喊那麼一聲。我看到的，很簡單，就是舞頌生命——舞頌它的磨難，無視雅典的極權政府，說到底就是，無視年老的阻礙。這是嬉戲的最高境界。

當下我完全懂了柏拉圖說「純粹的嬉戲蘊含著神性」是什麼意思，他最常被引述的一段關於嬉戲的文字出自《法律篇》，他寫道：「人類是被造來供上帝玩耍的東西，而這是人最好的特質……因此男男女女應該照著這特質過生活，玩最高尚的遊戲……那麼過生活的最好方式是什麼——活得像玩遊戲一樣。」

結果，柏拉圖以降的很多哲學家，不管出不出名，紛紛思索起嬉戲的形上意義，包括莫測高深的二十世紀德國存在論者海德格，他在《理性的原則》裡相當不解地問道：「我們非得從嬉戲的本質切入來思考存有不可嗎？」

海德格的疑問對我來說實在太遙遠，我確實從「所有生命都在嬉戲」的概念裡體會到意義深遠的事。這是一種「珍重生命的同時，終歸又不是正經八百看待它」的世界觀。與其說這是一種「生命是個大笑話，所以沒有什麼是重要的」的嘲諷態度，不如說是「我們可以從遊戲人生中超越自己」的一種感覺。沒錯，我們都是玩家，玩著從來都沒法徹底了解的遊戲，但這場遊戲又多麼令人驚奇。

玩味時間

「他根據內心的某個節奏撥動珠子。」狄米崔邊說邊比向他父親埃諾斯，他父親若有所思地凝視窗外，同時撥著忘憂珠。「他就像樂團指揮為他的生命設定節奏。」

如果狄米崔的詮釋是對的，撥動忘憂珠肯定有某種存在主義的面向。這是關注時間的一種方式，「把時間的空隙拉大」並「讓它停駐」。埃諾斯繼續的這項希臘老傳統也許不是神經質的消遣，而且是恰恰相反：一種捕捉時間的方式，把時間納為己有。他在玩味時間。

我問狄米崔，依他看，為什麼忘憂珠在希臘慢慢消失。他聳聳肩。「誰曉得？」他說：「我們變得越來越歐洲，越來越不像我們自己。

這也不是全都不好——對matiasma（邪惡之眼）的恐懼伴著我長大，我得戴那種藍珠子手環來避邪，討海那幾年我甚至也戴著那手環，因此常被大夥兒揶揄。現在大概只有老人家才信matiasma。老實說，我從不錯過念咒語的法會。」

「那麼有天你會用忘憂珠嗎？」我問他。

「我還留著我的忘憂珠，」他回答。「我有時會撥忘憂珠，不過只有在我獨處的時候。在大庭廣眾之下撥忘憂珠我會覺得難為情。不過，沒錯，當我父親這一代都走了，沒人記得忘憂珠時，我會懷念它的。」他笑了笑。「說不定它不會消失，現在在雅典某些雅痞之間忘憂珠又流行起來，他們用撥珠子來戒菸。他們從水翼船下來時一手拿著忘憂珠，一手拿著蘋果手機。」

想到那景像我忍不住笑了起來。它傳神點出兩種極端的「主觀時間」之間的拉扯。

記憶乃智慧之母。

——埃斯庫羅斯

第三章
塔索被雨濺濕的照片

論獨思

從狄米崔館子走回我屋舍時，我看見塔索仍在他的陽台上。回到屋內時，我又從書桌前的窗戶望向他。這會兒我看見他身旁有個小桌几，上面擺著幾本舊簿子和一只看起來像是裝明信片和照片的盒子。他那粗獷的臉看似滿足地沉思著。好一個適合獨思的日子。

回到屋內後，我聽到雨落了下來，輕輕地啪搭啪搭落在我頭頂上的磚瓦上。我感到冷颼颼的，有點兒寂寥，而且，嗯，自己真的老了。在這種時刻裡歡快地翩翩起舞似乎不太對，我躺回我那狹窄的床上，再讀點關於無聊和嬉戲的哲理，看能不能打發掉雨天的老人哀愁。感覺上這不失為玩味觀念的好時機。

悠思逸想

史文森指出，早期很多思考家認為，優異觀念及對人生的深刻體悟，與閒散生活有著密切的關係。他引述羅馬詩人魯坎（Lucan）的話，魯坎寫道：「閒暇總會創造出變化多端的想法。」而蒙田也在他「論閒散」的文章裡大表贊同，還補充說，悠思逸想就像「脫韁野馬」，遠比嚴謹的思考要驚險得多。史文森也提到十八世紀德國哲學家哈曼（Johann Hamann），哈曼認為，閒散的人比學究更能體悟哲理，多少是因為他們比較不拘小節。這一點我百分百贊同。顯然，哈曼對閒散這主題有點兒戒心：當他的一個朋友批評他遊手好閒，據說他反駁道，工作很容易，但真正的閒散需要勇氣和毅力。

真正的閒散也需要耐心，就某方面來說，耐心是無聊的解藥。真誠的老人是最有耐心的人，原因很簡單，因為他不急著讓時間過去。我記得很久以前的某個晚上，在開往費城的壅擠火車上，聽到一名年輕女子對她母親發牢騷說：「天啊，真希望我們已經到了！」她滿頭銀絲的母親答得很妙，「親愛的，千萬別希望你人生的時間消失，一分鐘都不要。」

就連老年生活缺乏新鮮事也可以看成是好處。「新鮮事」我們已經做得夠多了，而且發現它往往靠不住。史文森寫道：「存在性無聊……要根本被理解，必須從『缺乏累積的經驗』這概念下手。問題出在我們不斷追求更新鮮、更強烈的感官感受和印象，藉此來排遣存在性無聊，而不是讓我們自己去累積經驗。」

沒錯，累積的經驗——這就是老人擁有最豐富的資產。詭譎的是腳步要放得夠慢，才品嘗得到這累積的經驗，甚至有幸的話，細細回味。

心靈愉悅的優勢

伊比鳩魯深信，心靈的愉悅勝過身體的愉悅，大體上是因為心靈具有一種優勢，即思索曾有過的愉悅並預期尚未來到的愉悅。根據羅馬哲學家西塞羅（Cicero）的闡釋，心靈的這個優勢會帶來「持續而交融（成一體）的愉悅」，而西塞羅晚年才成為伊比鳩魯信徒。

從現代的心理學觀點來看，光是記得愉悅感受便能感到愉悅的這種伊比鳩魯式心靈能力，似乎太誇張，也過於樂觀，不過，伊比鳩魯對於思考之樂——尤其是獨思和啟發性交談——的熱衷，還是值得探究。

伊比鳩魯和柏拉圖都認為，老年人擁有獨特的機會進行無拘無束、海闊天空的思考。在《理想國》裡，柏拉圖點出，能夠有這一扇機會之窗，是拜我們老年人不再好色所賜：「老年人感到莫大的平靜和自由；當激情鬆開對人的箝制，那麼……我們擺脫掉的瘋狂主子可不只一個，而是很多個。」

伊比鳩魯則比較把老年的這個機會看成是受惠於，老年人已經把必須與人交際和過問政治的生活拋諸腦後；這讓我們把腦力花在其他的事情上，通常是更私密、有哲理的事。沉浸在必須與人交際的世界會綑綁心靈，使它囿於約定成俗的概念；如果我們在開會時停下來仔細思忖人類跟宇宙的關係，肯定什麼事都敲不定。再說，沒有行程要趕，我們老人就是有時間悠哉地閒思逸想，推敲某些想法，要想多久、要想多深入都可以。在寫給梅諾瑟斯（Menoeceus）的一封信裡，伊比鳩魯提到，老年人處於可以敞開心靈接受新觀念的絕佳地位上，「因為他無須擔心未來」。老人不必為下一步發愁，因為棋局已經結束。他可以隨心所欲地想任何事。

當代的腦部研究從神經突觸的角度，支持了柏拉圖認為老年人的心智更適合進行哲學思考的觀察。蒙特婁大學的一項研究發現，老年人的心智比年輕人更有效率。該研究的主研究員蒙奇博士（Oury Monchi）寫道：「我們現在有神經生物學的證據顯示，人越老越有智慧，而且當大腦逐漸老化，它學會更有效地分配它的資源。」在加州大學聖地牙哥分校所進行的一項研究發現，「運作遲緩的大腦說不定更聰明」，因為在老年人的大腦裡，和抽象、哲學思考以及知覺預期有關的區域，能夠免於神經傳導物質多巴胺的影響。「老年人的大腦比較不受多巴胺指使，因而比較不衝動，也比較不受情緒控制。」該研究下了這個總結。阿哈！原來多巴胺就是柏拉圖所指的「瘋狂主子」！

讓科學家們來界定所謂的「更聰明」，我並不怎麼安心，不過我仍深信老年人有能力從和年少時大為不同的觀點來思考。這也許是因為，更適合緩慢思考的課題隨著思考變得緩慢而冒出了來，或者是因為，老人純粹就是有大把時間沉思，又或者，因為——誰曉得——他已經從多巴胺癮解脫了。不管源頭是什麼，他現在有機會去思考一些有意思的事情了。

寫回憶錄的欲望

我們老年人往往喜歡思索我們這一生所累積的經驗。伊比鳩魯在臨終時寫給梅諾瑟斯的那封信裡寫道：「人老的時候，愉快地回憶從前之際，想到美好的事會變得年輕。」這讓我想到小時候一位鄰居說過的話：「那女人老到她想變成幾歲都行。」

不過，有的老人有時想要的不只是隨意地回想往昔；他想要為自己的人生找個脈絡，某個把他的人生連貫起來的東西。

自傳和真誠老年

寫自傳的衝動表現在兩種模式上。一是目前流行的那種想把自己人生經歷說給別人聽的衝動：近來超過六十五歲的人口暴增，因而回憶錄大量出版。第二種是純粹為了對自己交代這輩子是怎麼過的。這兩種衝動往往會變成相互牴觸。寫給別人看的回憶錄會有的問題是，誘惑人恣意沉迷在彼此不相上下的著述裡。畢竟，誰想給別人成天沉溺在，譬如說，電視影集「法律與秩序」裡的印象啊？這種內容可不太適合出版！不過一個迷上「法律與秩序」、花了無數個小時看影集的人，很可能也想要誠實地了解自己這一生的主軸。對於喜歡思考哲理的心靈，光是建構自己的人生故事，便是真誠老年的一大重心。

但是有些哲學家不這麼認為。亞里斯多德在他的《修辭學》第二冊，一個勤奮的倔老頭談論老人主題的書裡，寫道：「他們靠回憶而活，不是靠希望而活，因為比起悠長的過往，他們的生命所剩無幾。希望指向未來，回憶指向過去，而這也是他們聒噪的原因，他們不停地說起過往的事，因為他們很享受回憶往事。」

最起碼，這建議不鼓勵人跟著寫自傳的衝動起舞。

羅素（Bertrand Russel）更有力地闡述亞里斯多德的論點。羅素活到九十八歲，卻始終像個早慧的小伙子（他把自己的長壽歸因於慎選先師），他在一九七五年的《如何變老》一文裡寫道：「年老後在心理上要防範兩種危險，一是過於沉湎於往事。活在回憶，痛惜往日美好時光，或哀思已逝的朋友，沒有好處。一個人的心思一定要導向未來，導向可以有所作為的事。」

在「為何老人不該發狂？」一詩裡，葉慈描述了耽溺在往事裡的必然結果——像劇情式紀錄片似地搬演著落空的個人夢想：

老人為何不該發狂
有個少年前途無量
曾經是手腕強健的釣者
卻變成貪杯爛醉的新聞記者
有個少女熟記但丁所有作品
卻終身給蠢才生兒育女

他們發現沒有哪個
完整快樂心靈的小說
有個配得上開頭的結尾
年輕人對這種事一無所知
旁觀的老年人瞭如指掌
等到他們懂得古書所言

知道一切不會更好了
就知道老人為何發狂

但我個人覺得心理學家和存在主義哲學家艾瑞克森（Erik Erickson）更有說服力，他深信，妝點著遺憾和絕望的回憶不是我們唯一的選項。相反的，艾瑞克森說，以成熟而睿智的方式來緬懷過往才是真誠老年所需要的。

緬懷過往的迫切需要

艾瑞克森對於現代心理學最受重視的貢獻是，他所提出的個人發展階段論超越了傳統佛洛伊德學派的幼童發展階段論，把人的一生整個涵概進來，包含了老年在內。而老年這最後階段，他稱之為「成熟期」。

建構自己的人生故事
是真誠老年的一大重心

艾瑞克森假定，在每個階段都有個兩極對立的張力存在，需要人去解決，解決了之後才算成功通過該階段。比方說，在成年早期，主要的張力介於親密和孤立之間，要成功地克服，則需要與他人形成友愛親密的關係，若沒有成功克服，結果是感到寂寞、與人疏離。在成熟期，艾瑞克森看到的張力介於他所謂的「自我統整」和悲觀絕望之間，這階段的基本任務是反思個人的一生。

對艾瑞克森來說，順利的解決有賴睿智深思過的自我實現感，一種具有哲思的自我悅納，無論這輩子犯過的嚴重錯誤和一路以來的跌跌撞撞。艾瑞克森相信，能夠在老年懷有哲思地悅納自己的一生，端看是否具有成熟的愛的能耐。他寫道，順利渡過老年的關鍵性個人關係，是跟所有人類——他稱之為「我類」——的關係，一種終極的家庭關係。不能順利地反思自己的一生，結果是無盡的悔恨與苦澀。

所以就艾瑞克森的哲學來看，為自己的一生找到一個敘述脈絡的老年衝動，不僅僅只是沉溺在悔恨裡或懶散地做白日夢——它可是很要緊的事。當史文森寫道，和一個接一個不連貫的孤立經驗所帶來的無聊相反的是「累積的經驗」，而且它很可能是讓人脫離無聊的最好方式，他說的就是這個意思。

有所取捨的回憶

狄更斯在他的經典大作《塊肉餘生錄》裡一開頭便寫道：「不管我會不會是我自己人生的英雄，又或者那個位子會被任何人占據，這些書頁必定都會揭示。」

每次讀到這行字，我總不禁微笑。畢竟，如果我不是自己人生的英雄，還有誰會是？但我懷疑老狄更斯在這裡開了一個早期存在主義風格的玩笑：那個「任何人」可能是決定主人翁古柏菲德人生遭遇的外力化身，譬如說，命運的化身。換個方式來說，也許古柏菲德的人生並不是出於他的選擇，他只是聽天由命而已。存在主義者肯定不以為然。古柏菲德會不會是他主觀上的人生英雄，顯然是小說裡第一人稱敘事者想透過「這些書頁」裡的敘述來回答的根本問題。這一番追尋始於探究哪些事是有意義的，以及哪些事是因著其他事而有意義。

縱使我們的回憶錄只寫給自己看，我們仍會有所取捨，挑選表面上貼近個人歷史脈絡的、有因果關係的，甚至帶有個人成長意味的內容。當然還有其他討厭的問題，對此馬克吐溫曾滔滔雄辯地說過：「我年輕的時候，什麼都記得，不管它有沒有發生，可是我漸漸老了，要不了多久，我便只記得沒發生的了。」看來我們終歸會碰到那個討厭的哲學問題：「我們要怎麼知道什麼是真實的？」雖然我們會追加一句話來溫和地修正：「在目前情況下真的有差別嗎？」

當我們回想令我們暗自感到快慰的事，我們通常不會查證事實。我們感興趣的是被喚起的某個體驗：當時我們覺得如何，當時對我們有何意義，以及現在對我們有何意義。舉例來說，大學時我是否與艾瑞克森教授討論過電影《野草莓》，或者我是和別人討論的卻搞混了，又或者我聽了艾瑞克森的一門課後自己在腦袋裡想像的。就為我的人生拼湊出一個有意義的故事來說，這些都沒有重大差別。也許真正重要的是，說不定意義深遠的是，這討論的主題——不管這討論事實上有沒有發生——對我影響深刻，對我這輩子的志趣、甚至是對我後來世界觀的發展，影響深刻。我有這個記憶而且賦予它意義這件事，比這記憶是否是絕對客觀的事實要來得重要。

不，我不是異想天開地宣稱，某個記憶是真的，只因為我認為它是真的。假如我鮮明地憶起頭一次當太空人在月球漫步，不管我從來都不是太空人，而且最靠近月球的一回，是登上華盛頓山峰這鐵錚錚的事實，那我只能說，我太晚才開始思考我的人生經歷，晚到腦筋不清楚了。我必須在記錯與艾瑞克森教授的談話和月球漫步的幻想之間劃一條線。這不容易。

紐約市立圖書館舉辦過一系列關於自傳藝術的演講，名稱叫「創造真相」。這主題俏皮，但也點出了一個重點：我們要把人生經歷串連拼湊起來之際，會試著找出模式和主軸，從而也決定了哪些記憶入選。當然反過來也說得通：我們篩選記憶以形成主軸，然後尋求可以用以佐證的記憶。

在我們的方法裡，我們試圖達成狄更斯做過的巧妙把戲：從我們人生中挑選一些場景，試著把它們連貫起來，甚至——老天爺幫忙——讓它們有意義。只是以我們選取那些場景的任性武斷，在進行這項任務時，我們再怎麼挑選都不出那一些。在他五磅重的巨作《存在與虛無》裡，沙特寫道：「回憶有一種魔力……在回想時，我們似乎會達到那不可能的整合……那是人的一生所渴盼的。」

在偏向於哲學思考的老年，除了那不可能的整合，我別無所求。

《野草莓》的智慧

艾瑞克森於六〇年代在哈佛開的熱門課「人類的生命階段」的尾聲，他總會拉下白幕，放伯格曼的經典電影《野草莓》。艾瑞克森說，沒有哪個個案史或心理調查能夠像這部電影貼切地捕捉「整體的連貫性，一整個人生的『完形』」。他認為這電影極其細膩又扣人心弦地刻劃了當代一個老人回顧自己的一生，並試圖去理解和總結。

我很能理解艾瑞克森為何認為《野草莓》很豐富。這電影描繪一位瑞典退休老醫師兼細菌學者以薩克．波格醫生在漫長一天內的旅行、記憶、夢境、預感以及與家人的相處和陌生人的偶遇。在媳婦陪伴下，而她跟波格的兒子已形同陌路，波格開車去隆德大學（Lund University），接受行醫五十年的獎章。這趟旅行一開始，他是個充滿怨恨的孤獨老人，對宗教的慰藉以及生命具有超越意義的可能性極度懷疑。

甚至還沒出發前，波格便在冷冰冰的夢裡被迫面對即將到來的死亡，在那夢裡，時鐘沒有指針、裝有他屍體的馬拉的靈車脫韁。接下來的一整天，他籠罩在終有一死的陰影裡，迫使他最後一次試著回顧審視他的一生。對波格來說這是極其痛苦的過程。

他想起的很多往事都和他的夢境混淆不清，尤其是兒時回憶，而且這些夢一般的回憶被他的情緒所扭曲，特別是瀰漫其中的悔恨感。這些扭曲使得他的記憶更不真實？還是突顯了這些記憶對他而言很重要？對艾瑞克森來說，這兩個疑問都沒把握到柏格曼驚人的洞察，也就是我們會用被我們的體悟所影響的記憶「創造真相」。悔恨不是波格檢視他人生的唯一透鏡。

但悔恨也不能被忽略。這不是結局圓滿的電影，波格終究並不覺得自己走過了幸福的一生。一點也不。不過，那一天結束時，波格確實得到某種救贖。他接納他的一生、悔恨及其一切，這是他自個兒的人生——人的一生，和「我類」有著密切連繫的一生。而且，他痛苦地對周遭的人伸出了手。

義大利導演費里尼的經典電影《八又二分之一》也是一部回顧人生的電影，它處理悔恨的問題更直接，也許也不如《野草莓》細膩，但是更輕鬆，甚或更詼諧。住在地中海附近就是會讓人這樣。在《八又二分之一》裡，主角貴多，一個江郎才盡的電影導演，發現自己懷念起人生裡的許多人和事；結果取材自這些回憶的電影大受歡迎。在這過程裡，貴多必須應付以帶頭的評論人道梅耶的形式出現、希臘劇合唱團式的嘲諷批判，道梅耶說：「是什麼樣荒謬的狂妄心態，認定其他人可以從你一大堆惡劣錯誤中獲利。把你的人生片段、朦朧的記憶拼湊起來，對你有什麼好處？」

在旅程的終點，貴多欣喜若狂得近乎躁狂：「一切都跟以前一樣，一切又是一團混亂，只是混亂的是我……我不再害怕去承認我尋找過什麼卻沒找到，只有這樣我才能感覺到自己活著，只有這樣我才能直視你的眼睛而毫無羞愧……如果你做得到的話，以我真實的面貌接納我，我們必須找到自己，而這是唯一的方法。」

~

我想，我跟艾瑞克森教授的那次談話是有關《野草莓》的結尾。當時我二十歲，對這世界大致上感到憤怒，就像一九六〇年代初的很多年輕人一樣。當時我無法想像當我老的時候回首過往會是什麼樣的況味，但這並沒阻止我問我老師說：「波格活到這把年紀才試著去接觸周遭的人會不會有點太遲了？畢竟他的大半輩子都過完了。」艾瑞克森教授只簡單回答說：「他還有時間。」

~

我從床上起身，慢慢走到書桌前的窗邊。塔索已經離開陽台，但我仍看得見進到屋裡的他坐在桌邊，我簡直正對著他。他正用袖子把老照片上的雨滴拭乾。

人註定是自由的；因為人一旦被拋到這世上來，他就要為自己所做的一切負責。

——沙特

第四章

青春之美的西洛可風

存在的真誠

今天颳焚風，從非洲經由克利特島（Crete）吹來。這股焚風既不猛烈，也沒強到西洛可風（Sirocco，希臘文是sirokos）的地步，但足使島上的人宣稱他們被「西洛可效應」打亂了——脾氣暴躁又過度熱情。據說這是人腦袋的預期和實際情況不一致的結果，因為按照往常情況，風會讓人涼爽，而不是燥熱。從我在狄米崔小館的座位看來，門被大力甩上不見得都是風吹的。

有些島民，譬如塔索，認為很多人拿西洛可效應當藉口來大肆批評或放縱情慾。但塔索有他自己的分析，但不想讓自己的看法引人注意，他曾經跟我說，他認為所謂的西洛可效應提供了很討喜的宣洩，讓身體政治保持平衡，就像嘉年華會的放縱狂歡讓巴西人準備去忍受四旬齋期的節制。我敢說，塔索以前想必是個心胸開闊又開明的法官。

他和他的朋友們又圍坐在桌旁，和樂地閒聊，到目前為止一概和天氣以及天氣所預示有關。突然間，他們全靜了下來，緊盯著通往海岸路並行經餐館陽台的石階頂端冒出來的人影看。一名年輕女子出現在那兒，風將她的上衣和裙子壓貼在她玲瓏有致的火辣胴體上。有那麼一會兒，她動也不動，也許正在享受溫暖的微風，但更可能的是，享受著在她身上游移的男人目光——她個人在西洛可效應下的放縱。幾秒後，另一個女人現身，老女人，一身傳統黑喪服，自重的寡婦穿的那種。她立刻看清情勢，唐突地抓起年輕女子的臂膀，拉著她離開台階。這年輕女子名叫愛蓮娜，十九歲，有一頭烏黑亮麗的秀髮，很古典的希臘美人，膚色透亮呈淡橄欖色，一雙眸子大而黑亮。那老婦是她祖母。

當她們祖孫倆趨近他們的座位，老人們目不轉睛地盯著愛蓮娜看。她們來到那夥老人正前方時，老傢伙個個從座位上微微起身，向她們打招呼。塔索一面說「再見」，一面以他一點也不柔軟的腰身優雅地欠身。顯然是對愛蓮娜的美致上仰慕和感謝。

一會兒之後，祖母和孫女走了，塔索那一桌人才又恢復談話，不過談的不再是天氣。他們滿臉春色、生龍活虎地說起了自己這輩子看過的、認識的美麗女子。這一回是塔索帶頭，他宣稱沒有什麼比年輕女人更美，因為青春之美是無敵的。在這話題上，塔索身上哲人兼詩人的氣質展露無遺。我想到我一位朋友在類似的情境裡引用濟慈的詩句道：「青春就是美，美就是青春。」

性慾VS.緬懷性事

伊比鳩魯的餐桌歡迎青樓女子的消息一傳開，雅典便有流言蜚語說，在伊園的牆內，大夥兒花天酒地、放浪形駭。但是這八卦與事實相去甚遠。

在性這件事上，伊比鳩魯恐怕更是不如現代人對享樂主義者的放浪想像，因為他深信，性具有會讓人失控的傾向，而且只是蜻蜓點水地觸及人的重大慰藉的皮毛。婚姻和生殖，沒錯，這些提供了持久的滿足（雖然伊比鳩魯終身沒有結婚），但是性——純然的性愛——不可避免地帶來更多的不快樂，多於它帶來的轉瞬而逝的愉悅。性暴露了無謂而永不饜足的需求，這些需求揭露了人的脆弱，而且拉高了焦慮。伊比鳩魯詳細地說明了性如何導致悲劇的前因後果：它起於色慾，進而變成激情，以交合達到高峰，然後急轉直下變成猜忌或厭倦或二者兼有。這從來不是伊比鳩魯的慰藉。

而我相信，伊比鳩魯這看法在塔索和他的朋友之間也起不了什麼共鳴，就這檔事來說，我也一樣。對我們老人來說，性通常很值得讓人為它頭疼，即便我們現在回頭審視它也一樣——也許特別是我們現在回頭審視它的情況下。我不是說我們這些人是「齷齪的老色鬼」，仍滿腦子性幻想和獵豔。塔索頂多就是跟朋友坦承說，看到愛蓮娜佇立石階上，有那麼一瞬間他感覺到胯下一波震顫；塔索笑笑說：「沉睡的巨龍甦醒了。但打了個哈欠後又回頭去睡了。」不，我會把這旺盛好色的幻想留給我一個年七十有三而且貼睪固酮貼片、服用七十二小時犀利士的朋友。

存在的真誠

再次想到這位貼睪固酮貼片、永保青春的朋友，有助我釐清正在成形中、關乎好品質真誠老年的哲學。性慾旺盛卻力不從心是一回事；倘若如此的話，犀利士是絕佳的解決辦法。但是貼上罨固酮貼片試圖迅速回春又是另一回事。後者等於是自不量力，而這心態是很怪異的。

沙特提供了一個強有力的觀點來審視這「永保青春」難題，這位二十世紀存在主義者似乎和伊比鳩魯並立在我肩頭上。沙特學派的倫理觀引導我們要活得「真誠」——「真誠」是沙特從舉世皆知的名言「誠實對待自己[1]」裡汲取的。如果一個人是以「存在先於本質」為依歸，那麼他就是活得真誠。譬如說，本質上，他並不是一名侍者或民主黨員或白天喝酒的人；這些不過是他選擇去扮演的角色，而不是他無法超越的內在特質。舉個例來說，一個真誠的人不會打從心底認為，「我午餐要喝兩杯威士忌純粹是因為我本性如此」。這樣說是把自己看成有著固定本性的客體，而不是有能力選擇自己是誰、採取什麼作為的主體。

對我來說，最中肯的是沙特的這句告誡「別把自己當客體對待」。這也是倫理哲學裡我難得很有感覺的一點：把自己當客體看待，我會少了幾分活生生的感覺，感覺不像自己。譬如說，當我深信自己本質上是不體貼的人，而且對此一點辦法也沒有，我不只會覺得挫敗，而且會覺得，在認定自己無能去改變的同時，我也不再真正地活著。況且，不接受非我所能控制的事是很荒謬的：我不能選擇當個年輕人，但可以選擇當個藍眼的高個子。

基本上來說，我們大多數人都想為自己的人生負責——想要活出自己的人生，這是很根本的一點。我選擇，所以我成為現在的我。因此，如果一個老年人發現自己早已過了永遠「性致勃勃」的階段，卻把自己灌滿睪固酮，變成一個不像自己的人——也就是說，一個「性衝衝」的年輕人——算是真誠的嗎？這算不算是把自己變成客體——以這例子來說，變

---

1 to thine own self be true，出自莎士比亞哈姆雷特一劇。

成某種性客體？

我想睪固酮貼片愛好者會反駁說，補充賀爾蒙不會把人變成另一個人，純粹只是讓人更有精力和活力而已，就像喝蠻牛補充能量一樣。事實上，他可能甚至會主張說，選擇再度變得「性衝衝」是創造自我的高尚行為，具有真誠的高度。

也許吧。但我一直在想，人生有著不同的階段，每個階段有它的特質，竄改這些階段就是竄改每個階段的固有價值。對我來說，所謂的真誠，是認清人類的欲望和能耐會隨著人生的不同階段而改變，否認這個事實會錯失每個階段裡最能夠實現自我的事。我不打算去扮演少年登徒子的角色；就像我不想在小聯盟當三壘手一樣——縱使我打了類固醇。

為什麼犀利士可以被接受，而睪固酮不行？我承認我在此做了個武斷的區分——沙特慷慨地留給人武斷區分的大量空間——不過，服用犀利士比較像治療骨折，且讓我這麼說吧，而貼睪固酮貼片像是竄改某人在人生某一點上的本然狀態。他的性慾並沒有中斷；它走在它自然的軌道上。想要某個他其實沒那麼想要的東西，在他八十好幾的歲數，聽起來就是很虛偽，沒什麼比這更不忠於自己的了。

我不曉得我一位六十八歲的朋友在她變得雄偉的胸部裡填塞了什麼。天曉得，她的整形醫師還真厲害。這朋友跟我說，她覺得自己變年輕、變得更有魅力了，而年輕有魅力讓她變得更快樂，快樂向來是無可爭辯的。

存在的拒斥

罩固酮貼片／隆乳不只是「永保青春」的一個典型例子；它象徵了拒斥老年這整件事。

對存在主義者來說，對大多數當代心理學家也一樣，沒有什麼比拒斥我們生命裡的真實更嚴重的了。根據他們的看法，活在拒斥之中的人不算是充分、真正活著，就像柏拉圖的洞穴譬喻裡住在洞穴中的無知居民，他們誤以為洞穴牆壁上的影子是真實，殊不知在洞穴外被生動地照亮的，才是生命的真相——有些人就是難以接受。

人稱的存在主義之父齊克果主張，人類終極的拒斥，是拒斥人終有一死這個事實。我們想出各種否認死亡的對策來迴避終有一死的事實，從相信有個永恆的來世，到深信，譬如說，藉由新近完成的個人詩集，我們會「長存」於世。我們這麼做的理由很容易理解：人總有一天會死、不會再活過來的念頭，帶給我們無比的恐懼。對此，選項之一是，齊克果說，不去充分而真誠地擁抱我們所擁有的這一生。我們反而寧願在充滿錯覺的洞穴內敲打摸索。

在二十世紀中期，人類學家貝克（Ernest Becker）在他獲得普立茲獎的著作《拒斥死亡》裡進一步闡述齊克果的論點。貝克納入心理學和文化的面向來探討對死亡的拒斥，把人類的這種心態看成是基本的存活機制。

貝克主張，沒有這個錯覺，人類文明會在絕望中毀滅。貝克相信，在這個理性的年代，我們和宗教信仰的關係是薄弱的，我們努力與終有一死的事實搏鬥終究會失敗，這是當今心理疾病攀升的根本原因。

否認自己老了和拒斥死亡當然在程度上不能相比，但是這兩種否認顯然有關連。根據最近的一項調查，美國人約略有半數不相信來世或任何形式的永生，而且在教育程度較高和較富裕的人當中，百分比更是顯著拉高。假若情況是如此，很多想永保青春的人似乎是在否認個人的大限之日已近在眼前。結果是，他們在安排餘生時算錯了算數。他們算出自己有大把的時間可以保持年輕，停留在「勇往直前」的人生階段。

但他們算錯了，因為屆時會發生的情況是，我們從「永保青春」的人生階段直接進入衰老的老年，永遠錯過了當一個「停泊在港灣，護衛著真正幸福」的圓滿老人的機會。我們永遠錯失了伊比鳩魯越來越深得我心的一個體悟，也就是攀上人生巔峰的景況與滋味。

齊克果和貝克很可能看到了隱藏在拒斥老年的心境裡的拒斥死亡對策。畢竟，老年階段的一個特點是它是人生的最後階段——也就是說，不把行將就木的衰老老年算在內的話。藉著跳過老年，我們很容易忘記我們真的已經邁入人生最後階段。

因此，選擇「永保青春」的路線很可能到頭來成了拒斥死亡的策略：我們的防衛系統發覺到，假使我們摒除老年，也許可以甩開我們對終有一死的覺察。沒錯，齊克果要人認清終有一死，這警言是對所有人說的，不分老少，但是永保青春的人，就像真正的年輕人一樣，相信他們有大把的時間，而人會死亡這件事，就留待以後再傷腦筋吧。

法蘭克．辛納屈和緬懷往昔的老年

焚風似乎已過境，但塔索和他的友人仍沉湎在昔日戀情裡。愛蓮娜佇立石階的身影所挑起的悸動已經轉為更抒情的心境。空氣中滲著苦甜參半的氣息。

綽號藍眼佬的法蘭克．辛納屈，即便在年輕時也展現出他特異的天分，能夠把老年人回顧昔日戀情的悲傷與喜悅詮釋得絲絲入扣。他唱出最高境界的懷舊之情，值得我們注意的懷舊之情。就像和他同年代的歐洲民謠歌手——賈克．布瑞爾（Jacques Brel）、愛迪．琵雅芙（Edith Piaf）、吉勃．貝考（Gilbert Becaud）——辛納屈和他的歌融為一氣。尤其是當他越來越老，嗓音越來越沙啞，沒有人懷疑他唱的是他個人的人生體會。他知道他低聲哼唱些什麼。

我想到了在辛納屈「緬懷過往」的經典專輯「生命中的九月」裡「從前（once upon a time）」這首歌（由Lee Adams作詞和Charles Strouse作曲）：

從前從前
有個女孩眼眸閃著月光
她將手放在我手心
告訴我她愛我
但那是在好久好久
以前

歌詞後段：

從前從前
這世界比我們所知的更甜美
我們擁有一切
那時多麼快樂

但曾幾何時
它一去不復返

多愁善感？一點也沒錯。不過我從不認為哲學不能摻混情感——甚而感性。事實上，哲學和平凡人情感之間的疏離，正是當代學院裡的哲學讓我們很多人無感的原因。

辛納屈和我們分享了回想年輕時候滿心情愛和希望的快樂滋味。他讓往日情懷再度復活，天啊！多麼美妙。然而體認從前歸從前，現在歸現在，對老人來說很有好處。從後續的體驗這面濾鏡來看記憶中的年少情愛，留下的是它本身的甜美。這歌手讓我們想起走過的那段刻骨銘心、時而轟轟烈烈的歲月，我們的人生因而更豐富，沒有絲毫安然熬過情海波濤的意味。

當辛納屈唱著「曾幾何時它一去不復返」，他唱出了青春歲月不再的憂傷，也唱出了「人生就是這樣」的釋然。意在言外的是：「那些歲月很刻骨銘心，但我不認為我現在應付得了那些風風雨雨——事實上我現在也不想去應付。」這之中隱含著他顯然認清自己終有一死：曾幾何時它一去不復返。

當齊克果要我們直視死亡並在恐懼中顫抖，辛納屈要我們當面向死亡哀悽地致意，同時愉快地緬懷青春歲月的甜美。我不認為辛納屈的方式比不上齊克果的真誠。

老年獨有的浪漫情趣

我們也從辛納屈唱Alec Wilder和Bill Engvick作詞作曲的經典歌曲「我現在懂了」當中，發現對老年苦甜參半的詩意領會：

我認識的世界已逝去
愛情來了又走了
歲月如梭
我認真過生活
突然間我體會到人生是怎麼回事
我現在懂了
我現在懂了

歌詞中的「人生是怎麼回事」，代表精彩經驗的累積，以及有機會帶著驚奇和感激去回顧。

在戈登．傑金斯（Gordon Jenkins）的民謠「我心所求（this is all I ask）」裡，辛納屈對於柏拉圖「激情鬆手後的平靜與自由」的理解，給出了老花花公子的詮釋：

漂亮的女孩
當妳走過我身邊
腳步放慢些
流連不去的日落
多留久一點
陪陪寂寞大海

就像塔索和他的朋友，辛納屈看見美麗女子仍會飄然著迷，但他現在可以比年少時更純粹、更真誠地欣賞，因為他對她的美毫無所求。他沒有要和她搭訕，也沒有勾引她的衝動。從一方面來說，這已經不是他可以選擇的了——沒錯，就這一點來說實在很悲哀。不過現在純粹用眼睛自由地欣賞美女，別有一番情趣，老年人獨有的樂趣。他要的就是這樣而已。

白頭偕老的滿足

伊比鳩魯和柏拉圖對婚姻這主題都沒有著墨太多。婚姻的必要是為了生育，而生育是很自然而美好的事，但除此之外這些哲學家對這主題似乎興趣缺缺。

柏拉圖的學生亞里斯多德甚至離譜地主張，唯有可能共同生養孩子的男人和女人才應該獲准結婚。（你不得不去想，亞里斯多德要怎麼判定那種可能性；畢竟我們都一脈相承來自生殖力強的祖先。）時代不同，這包括柏拉圖就像他同時代的很多人一樣，似乎很享受同性婚姻更甚於異性婚姻；由於同性婚姻在當時是不被容許的，這很可能是他的哲學思考裡對婚姻避而不談的原因。

不過，即使亞里斯多德在他對婚姻的評價裡強調情感的實用性，他顯然體察到婚姻所提供的陪伴，也體察到隨著夫妻邁入老年，這特質會越顯重要。亞里斯多德寫道：「男人和妻子之間的友誼似乎是天生存在的；因為男人天生有找伴侶的傾向——這傾向比形成一個城邦更強烈，鑒於家庭比城邦更早出現，也更為必要。」不過，亞里斯多德似乎沒遇過半個他看得順眼的老人，他在《修辭學》寫道，老人「從沒熱烈地去愛或苦澀地去恨，而是根據偏見的暗示，他們愛得彷彿有天會由愛生恨，並且恨得彷彿有天會由恨生愛。」

據說亞里斯多德直到六十幾歲都和第二任妻子（第一任過世後）很恩愛，在那個年代六十幾歲已經是熟老年了，只是你忍不住會想，帶著那愛恨糾纏的矛盾，他的家庭生活會是如何。

後來的哲學家對婚姻的價值和陷阱倒是說了很多，雖然很少人對白頭偕老的夫妻發表意見。偉大的基督教思想家把婚姻看得比較功利，而不是神聖，縱使他們把這個神聖的事看成是面對情慾唯一可接受的選項。聖奧古斯丁寫道：「禁慾甚至好過婚姻裡為了生育所進行的交合。」換句話說，假使你管不住自己的話，那就結婚去吧，但看在老天的份上，別太縱慾。

自聖奧古斯丁以降，很多哲學家也加入了討論婚姻的行列，他們主要是把婚姻看成是功能健全狀態的社會性接觸之一。在《道德的形上學》裡，康德就因為婚姻而結合的兩個人如何不把對方看成客體，得出他的律令：「當一個人彷彿像物體一樣被獲取，被獲取的一方就會以同樣的方式獲取對方；因為如此一來，每一方才能宣告自己的主體性並恢復其人格。」這是某種的「以其人之道還治其人之身才是公道」。當然，當代的女性主義哲學家把焦點擺在婚姻是男人限制女人自由的根本方式；女性主義者費爾史東（Shulamith Firestone）甚至誇張到主張，選擇非單一伴侶或女同志分離主義的女人活得更好。

令我訝異的是，我發現，有關持續到暮年的婚姻，最中肯的意見竟來自激進的德國哲學家尼采，他以典型的務實心態寫道：「結婚之際，問問自己這個問題：你認為你能夠跟這個人好好交談直到終老嗎？婚姻裡其餘的一切都短暫無常。」

誰料得到神經的虛無主義者尼采，骨子裡其實是個婚姻治療師？

我曾私下和塔索聊天，得知他一向很享受婚姻生活，而今年紀大了，他尤其看重婚姻所提供的獨特友伴關係。我也是，雖然我們都晚婚，但我倆都結婚好長一段時間。我們都同意，長久的婚姻是老來最大的慰藉之一，大半是因為結婚越久，共同的回憶越多。

在狄米崔的陽台上，塔索這會兒談到了他頭一次見到蘇菲亞的情景，蘇菲亞是他結縭四十二年的妻子和他三個孩子的媽。他說，當時他剛離開辦公室走在君士坦丁堡大道上，蘇菲亞漫步走過他身旁時，陽光像一道聚光束跟著她轉。他跟友人說，每當他在早晨的餐桌上看著蘇菲亞，常常會看到漫步在君士坦丁堡大道上那個年輕俏女子。
繼續唱下去吧，法蘭克・辛納屈！

說哲學時光尚未來臨或已經逝去的人，和說幸福時光尚未來臨或已經逝去的人沒兩樣。

——伊比鳩魯

第五章
綿羊項上鈴鐺叮咚響

通透練達到進入形而上

肩上揹著一袋書，我走在山坡古道上，前往維荷斯（Vlihos）小村子，那兒在我住的卡米尼以西幾英哩。我二十多歲第一次來到這島上長住時，這趟路只要十五分鐘，而今，因為中途需要停下來歇歇腳，前後花了大約一小時。我想像著年輕時的矯健步伐比現在慢悠悠的閒晃感覺起來要有活力多了。年少時我做什麼都急急忙忙的——年輕人普遍有的衝勁。我可以想像有個不老族穿著大學生的短褲和T恤慢跑掠過我，充滿青春活力，或者，至少是年輕人一般的活力。他鐵定會比我先抵達維荷斯。但我今天不趕時間，我可是個滿足於慢慢遊蕩的老人。

第二次歇腳時，我坐在一塊花崗岩板上眺望，羊群無憂無慮地在綠草如茵的山谷牧地上吃草的景象盡收眼底。綿羊項上鈴鐺的微微叮噹響逐漸變得清晰，彷彿另一個世紀的單旋律聖歌。一會兒之後，其他的聲音加了進來，高音階的尖銳音符此起彼落竄出，有如佛漢．威廉斯田園牧歌的長笛狂想曲；那是隨季節遷移的畫眉鳥不休的鳴叫。山下卡米尼某處傳來的狗吠，由我頭頂上山間裡的驢叫迅速回應著——這會兒號角也加入了。我把袋子放下，點起了一根菸，聆聽著。

沒錯，我抽菸——說來慚愧。在家鄉美國，我點菸時總要忍受鄙夷的目光和批評——通常來自素不相識的人。不只是製造二手菸惹人厭，他們認為我是變態的慢性自殺。他們當然是對的，抽菸無疑有害健康，而且很可能會減少我的壽命。我往往會以防衛的口吻回應說：「嘿，我已經老到不可能早死啦！」

這樣耍耍嘴皮子不太算明智，但多少是我的真心話。就像很多活到我這把歲數的人，我經常瀏覽報紙訃告，看看現在的人都活到幾歲。最常見是七、八十歲，活到八十幾的人通常都「長期臥病在床」。假使有個人五十多歲或更年輕過世，有時候會被稱為「英年早逝」，假使我從齊克果的眼光來看，我會對這樣的描述不以為然：和不朽相比，所有的死亡都算早逝；活到幾歲只是個數字。

不過在我更年輕時，譬如說五十幾歲時，看到訃告提醒我大概只剩二十幾年可活，我可會嚇得發抖。而且，訃告會登的通常是對地方社會有所貢獻的人物，所以我也會陷入恐慌——我只剩二十幾年可以讓自己功成名就！

但更令我訝異的是，我在七十三這歲數看到訃告上享年七十五歲的人時，我其實感到相當安慰。我已經活到可敬的老年了。我有幸享受到完整的一生，走過了所有階段（當然衰老的老年除外，而且我不介意省略那一段）。我現在讀訃告時，對伊比鳩魯的名言「最快樂的生活，是不必勉強自己與人交際或過問政治的生活」，反倒有新的體會。會「指使人」的「瘋狂主子」終於對我鬆手。我可以好好品嘗有幸活到老的滋味。我已經老到不會早死了。

「有幸」這個詞對我來說別具深意。當我的丈人荷蘭改革派牧師尚・維傑斯特（Jan Vuijst）臨終前，我跟他有過一次深入而親密的談話，結果那次成了我們最後一次交談。他告訴我，「活過這一生真有幸啊。」

抗拒老年樂趣的愚蠢

抽菸帶給我快樂，有時就像現在一樣，坐在維荷斯山路上的花崗岩歇腳處，帶給我莫大的快樂。說到快樂，起司漢堡和薯條加上美乃滋也帶給我快樂。毫無疑問，這些快樂對我的健康有害——非常有害，而且我也確信，熱衷永保青春的人以同樣的理由放棄這些快樂；他們致力於良好的健康習慣，尤其是他們現在已經七十好幾。我可以輕易想像他們慢跑過我身邊，我也會欣然承認他們從慢跑當中得到快樂，但這快樂沒有一絲是來自再度年輕有勁的感覺，無一例外。但我不得不說，我真的很享受抽菸。

我也許對一些粗略的計算感到罪惡，不過我不得不想，這不老族毫不懷疑又一絲不苟地貫徹的養生習慣和自我節制，能為他勇健的老年多添幾年？或只是無情地延長他衰敗老朽的老年。誰也料不到。但我的疑問還在，那就是以長壽之名，我願意死心塌地放棄多少樂趣？如果不及時行樂，要等到什麼時候？等到老到病懨懨再也踏不出病房外那時候嗎？

有個老笑話這麼說：一對死於空難的老夫妻上了天堂。天使迎接他們，並帶他們四處走走看看。不久老先生餓了，問說有沒有什麼可以吃。天使指著擺著麵食、起司、牛排和奶油甜點的豐盛自助餐檯說：「當然有，請自便。你可以盡量吃，不必擔心健康的問題。」他們走向自助餐檯時，老先生對太太說：「妳看，葛萊蒂絲，要不是妳每早要我吃那噁心的燕麥麩，我十年前就可以享受這一頓了！」

還是趁老年享樂吧，別等到上天堂。

對所有事適可而止

在亞里斯多德的《尼各馬科倫理學》裡有個凌駕一切的主題，那就是對一切事物適可而止的美德，在太過與不及之間的中庸之道。舉例來說，亞里斯多德以勇氣這德行來支持他的論點：過多的勇氣流於魯莽，太少則是怯懦。取中庸之道，他如此建議我們；這會讓生活整個變好。我尤其欣賞亞里斯多德把人類的德行和美學的理念連結在一起：適度的行為蘊含著某種優雅，就像比例巧妙的物體，譬如等腰三角形或勻稱的建築，蘊含著某種的優雅。美即是均衡，均衡即是美。

和伊比鳩魯一樣，亞里斯多德也對現代希臘人有影響力。大多數希臘人吃油膩的肉，喝酒也抽菸，但是他們享受這些樂趣時大半都適可而止。沒錯，他們也許會在吃完漫長的一頓飯後抽上一兩根菸，但是他們不會一整天菸不離手焦躁地吞雲吐霧，或為了戒菸參加壓力重重的行為矯正課程。無怪乎希臘人是當今世上最長壽的民族之一；這不只是拜「地中海飲食」的橄欖油所賜。

在老年思考超越性問題

我這會兒獨自坐在維荷斯唯一的一家小館子裡，在陽台的涼蓬下。今天我想閱讀並思索一下某些令我困惑的哲學觀念。

老年除了是回顧一生的最佳階段，也是思索「這一切意義何在」的黃金時期，而這類問題也許在年少時曾在心裡燃起一把烈火，只是在他必須開始為生活而謀時黯淡許多。（把約翰藍儂的名言更改一下，人生就是當你要為它的意義想出一番哲理時，所輕忽的那些事。）[1]但現在這些問題再次變得重大；事實上它變得前所未有地急迫。

儘管亞里斯多德對老年持有負面態度，他倒是這麼說過：「邁入老年旅程的最佳準備是教育。」他這麼說時多少指的是，獲得良好的思考工具——以哲學的方式來思考——可以讓我們準備好去應付真誠老年的主要任務之一：探究許多的大哉問。

當我思索這類問題時，我必須懂得懸崖勒馬。有時我會想，我基本的哲學衝動，在我肺腑裡翻攪的那些「這一切到底所為何來？」，被學院裡的哲學給毀了。我往往會陷溺在偉大哲學家們令人頭大的抽象概念裡，喪失了最初讓我去拜讀他們著作的好奇。我必須提醒自己，為了避免一頭栽入哲學裡，一個人需要的其實就是「審視過自己的人生才能真正受惠」這種基本直覺。

老年冒的哲學風險

在《一路玩到掛》這部喜劇電影裡，兩個癌末老人列出了他們死前想要經驗的事，而且真的動身去完成。高居他們遺願清單上的是高空跳傘、登上金字塔、到非洲野生動物園探險，其中一人還叫了高價的應召女郎。重點是，他們活到這個關卡已經沒有什麼可損失，沒什麼好害怕的，所以何不放手一搏？對我來說，沒做過那些事我也可以毫無悔恨地進到墳墓裡，但是他們的探險精神令我動容。在我人生這個點上在哲學上冒一點風險，我也沒什麼可損失，沒什麼好怕的。

---

1 約翰藍儂的原句是，人生就是當我們汲汲營營之時，所輕忽的那些事。

當伊比鳩魯說，人老了之後因為「無須擔憂未來」，所以心智上會得到一種獨特的自由，他其實要點出的是，老年人可以在心智上冒一些年少時覺得太駭人的風險。而冒一些哲學風險的恐怖——譬如說，卡繆竟敢要我們去冒的一個風險，是他在《薛西弗斯神話》裡寫的：「真正嚴肅的哲學問題只有一個，那就是自殺。」——和繫著一條看起來很不牢靠的降落傘從飛機上往下跳差不多。想想看，這些風險密切相關：它們要我們直視死亡。齊克果激勵我們在哲學上和精神上去冒險時也毫不保留，他曾寫下這句名言：「勇於冒險會暫時失去立足點，不敢冒險則失去自我。」

勇於在老年不合邏輯地思考

在維荷斯的小館子裡，在周遭都坐滿了人的情況下，我從袋子裡取出海德格的《形上學導論》，就是劈頭便用一句話把人搞得一頭霧水的那本大部頭，「為什麼是存有，而非空無？」

我是中了什麼魔，把這寶貝扛過大西洋帶到這偏遠的島村上？想必是糾纏著我、躲也躲不了的「人終有一死」的念頭。海德格的問題似乎超越了個體生命——譬如說，我的生命——的起始與終點，指涉的是存有本身。那究竟是什麼意思？

這疑惑開始讓我牽腸掛肚，而過去五十多年來我一直把海德格的疑問當成廢話從沒好好思索過。海德格是二十世紀德國存在主義哲學家，他把焦點——如果長達數百頁、深奧難懂的一篇論文可以稱為一個焦點的話——擺在存有的概念。就我對他的疑問的理解，我猜想他問的不是為什麼會有事物存在，而不是無物；也不是問某些事物存在的肇因及其存在的構成為何。都不是，他要探究的是更大的格局。海德格要我們去正視一個觀念，那就是，存在本身是可以被質疑的，而且他深信，這是終極的哲學問題。他寫道：「進行哲理的思考就是去問『為什麼是存有，而非空無？』真正去問這個問題代表著：大膽去揣摩這無法揣摩的問題，從揭露它要我們去問的，到打破砂鍋問到底的。這種努力出現的地方就有哲學。」

我需要來點希臘松香葡萄酒。

在希臘，招喚侍者的方式是大聲擊掌。我仍然不習慣這麼做：感覺起來很無禮，像是使喚奴隸似的。希臘侍者倒是一點也不在意——事實上他們可以坐下來獨自喝點什麼，不需要一直在前場巡視招呼顧客，或者說，不像美國的侍者會問：「還要繼續用你的餐點嗎？」我拍了拍手，點了半公升那館子裡最棒的酒。我大口喝了幾口後，再度回到海德格的問題上。

這一回我悟到一兩件之前沒悟透的事。海德格說那問題是「無法揣摩的」。他先是告訴我們這問題是所有哲學的根本，然後又告訴我們，我們怎麼樣也得不到答案。這其中有點玄機。

至於「大膽去揣摩」以及「打破砂鍋問到底」那些句子呢？難道海德

格說的是，單純去發問，和「存有本身是可以被質疑的」這觀念纏鬥，即是某種目的？我想到亞里斯多德的看法，「能夠玩味某個想法而不接受它，是受過教育的心靈的特點。」這是否也適用於玩味某個極可能想不出答案的問題？

大學時，我對海德格的基本問題暗自不屑地發笑。那時候——一九五〇和六〇年代——我們全都著迷於哲學裡被稱為邏輯實證論的學派，以及它的姊妹語言分析學派。羅素（Bertrand Russell）、年輕的維根斯坦（Ludwig Wittgenstein）和艾爾（A. J. Ayer）把邏輯、數理和科學方法帶到哲學裡，據此討論形上學和倫理學的重大概念，並發現它們的不足。善與惡的概念？胡扯！它們沒有理性的基礎，所以拋一邊去吧。我們只考慮有邏輯的內容與答案的問題。

海德格當然也沒被饒過，他基本的形上學問題「為什麼」，首先就被拿來批鬥。實證主義者愛德華茲（Paul Edwards）主張，「為什麼」一詞隱含著「邏輯法則」，而海德格的問題裡違反了這法則，因此他的問題是沒有意義的。

但是我早已脫離學生的心態。身為老人，我現在多少能夠玩味違反邏輯法則的概念。當然，原因之一也許是我不再那麼死腦筋了，人總會改變。但從另一方面說，老來我似乎能夠偶爾讀一讀顯然超越邏輯的觀念。我膽敢去思考不合邏輯的概念。所以，我暫時放海德格一馬。

老年的意識轉換

午後的陽光逮到躲在涼棚下的我。陽光直射我的眼，有好幾秒的時間，我盯著太陽看，讓它把我照得目眩眼花。

小時候，我哥經常取笑我喜歡躺在床上直盯著吊在臥房天花板上光禿禿燈泡的習慣。我只能自我防衛說，我喜歡直視燈泡的感覺。我相信那是我頭一次懂得「亢奮」為何物。

大學畢業後不久，我朋友湯姆和我嘗試過迷幻藥。那畢竟是六〇年代。不過我寧願想成是受到我們最愛的哲學家之一的影響，十九世紀的美國實用主義者威廉．詹姆斯（William James），甚於我們惡名昭彰的教授里瑞先生（Timothy Leary）。詹姆斯著迷於意識上的異境（altered state of consciousness），並認為用氧化亞氮（又名笑氣）來達到那狀態，不下於找到進入黑格爾式的絕對的一扇門。在《宗教經驗之種種》一書裡，詹姆斯寫道：「清醒的狀態會讓人縮減、區分，並大聲說『不』；而迷醉狀態會讓人擴張、統合，並大聲說『是（yes）』。」

湯姆和我走向了我們終極的樂土（ultimate yes）。好好瞧瞧黑格爾式的絕對也很棒。唉，可惜不是這麼回事。反正，假使我們倆果真在那樂土裡瞥見了有意義的事，我們也沒辦法把它帶回來。

然而這會兒，盯著愛琴海上的太陽，我確實覺得頭昏。那松香葡萄酒並不礙事。「為什麼是存有，而不是空無？」瘋狂的問題。徹底空無會是什麼樣子？要是一切加總起來是零會是如何？甚至想到這宇宙不存在這念頭也令你驚愕。這比終有一死的念頭更駭人；這等於是在問，假使一切都不存在，而且從一開始就沒有人會死，那會是什麼樣子。再者，令人發狂的是，為什麼這宇宙不是那個樣子。

也許要搞清楚不可改變的空無是不可能的：你只會讓腦袋一直萎陷到垮掉。我勉強只能去想像這宇宙裡的一切一一被刪去，但什麼都不可能納進去的永恆空無著實難以想像。也許實證哲學家終究是對的：我無法去思考那狀態的原因是，它十足荒誕。

但這又要怎麼說？譬如，對於存有，我感到像是解脫或甚至感激的感覺。我甚至體驗到一絲絲有點像是敬畏的感受——敬畏那神奇的存有不知怎地戰勝了空無。而且令人驚訝的是，我是那勝利的一部分：我有幸參與存有，而且意識到存有。

那就是了——我的「是！」的一刻。它轉瞬即逝，「是！」的狂喜甚至也不充分——比較像是贊同的打顫。我現在了解到我進行這哲學式的高空跳傘時為什麼想要有人在我周遭。就像我們進入迷幻之旅時需要有個「保鏢」在身邊看守，確保我們不會尾隨「頓悟」從三樓的窗戶飛出去，我的維荷斯村民是穩住我的壓艙袋。不管好歹，他們讓我神遊太虛時，不致進到令腦袋萎陷的哲學抽象世界裡回不來。也許我終究沒那麼勇敢。

不過我這一趟小小的心靈遠足還是讓我相當感激。我感到心靈富足，多少是因為我到了年少時不敢涉足的地方晃了一遭。老人說來是練達到可以進入形而上的世界。

憤怒的良藥是拖延。

——塞內加

第六章

伊菲珍妮雅的客人

論斯多葛哲學和老年

我搭乘負載供給品的驢隊，前往在山頂上俯瞰著伊德拉灣的修道院。和坐在領頭驢背上的帕弗洛斯一樣，我側坐著，一手抓著木製馬鞍。我大概是太老了，不適合這樣騎驢，不過這過程很愉快。雖然只比行走在這石徑上高出三呎，坐在驢背上仍給了我全新視野：我的視平線大約和行經屋舍的一樓窗戶等高，我可以大剌剌地透視當地人的家居生活。

我前方的四匹驢不時邊走邊拉出草綠色的糞便。為了安撫敏感的遊客，新的法規規定領驢人必須停下來，掃起糞便，帶到適當的地方丟棄，但帕弗洛斯卻不甩。他腦裡有他的園藝學。這裡的驢子工作一整天後，會被餵一杯由罌粟花瓣泡的茶，當地村民相信，在一天的時間內，地上的每一坨驢大便就會長出新的罌粟花。果真如此，沿路上每個糞塊裂隙都有花兒長出來。我倒願意相信，帕弗洛斯天生對生命的循環懷有一份尊敬。

帕弗洛斯讓我在半山腰下驢。從那裡，我走上一條狹徑，前往十九世紀一位偉大船長的別墅，如今改建成島上的老人之家。我的女房東伊菲珍妮雅在那兒工作。今早我自願到港口郵局去取信，看到伊菲珍妮雅等了好久的女兒從澳洲寄來的信，我決定親自把信帶來給她，這樣她就不必等到晚上才看得到信。再說我也很好奇，想看看這地方。

一位年紀有七、八十的老先生坐在別墅庭院門邊的長椅上。他的下巴抵著交握的雙手，雙手又抵著他眼前一根木拐杖的把手。我用希臘話說：「午安。」但是他沒答話。然後我以希臘人習慣的方式微傾著頭跟他點頭示意，他也一樣沒回應。

門是開著的，我叫喚伊菲珍妮雅，好一會兒之後她出現了，臉紅通通的很訝異。我把她女兒的信交給她，她很開心。但她把信塞進圍裙的口袋，說等她泡好史匹洛的咖啡有空再慢慢看信。然後她朝那長椅的方向點了點頭，示意史匹洛就是長椅上的老人。

「其他人都不喝咖啡嗎？」我問。

伊菲珍妮雅笑了笑。「史匹洛是唯一一個在島上沒有親人的老人。」她說。顯然改建出這宏偉的老人之家的雅典立委沒料到，沒有哪個自尊自重的伊德拉島子女，會不在自己家裡給年老雙親安張床就近照顧。史匹洛是這別墅的唯一住戶。

結果，史匹洛需要大量的照顧。他老邁又失禁，經常發脾氣又抑鬱。伊菲珍妮雅盡心盡力照顧他，總等到史匹洛吃完飯、洗完澡，就寢入睡後才離開。

我不禁想到，在我變成史匹洛那樣之前還有多少時間。老邁和失禁是我們在衰老的老年都會遇到的狀況。那狀況令人討厭。就像莎士比亞在「人生的七種階段」描述的：

結束這段古怪又多事的歷史的
最後一場
是返老還童和全然遺忘
沒有牙齒，沒有視力，沒有味覺，沒有一切

人生的這個階段，對我們老人來說，就快要到了，不管我們選擇是否去意識到。

老年憂鬱的主因

在蘇珊・賈柯比（Susan Jacoby）對現代人愈來愈長壽的一份令人恐懼的研究《不輕言死亡》裡，我們了解到，現代醫藥科學砸下大筆資金，大幅地讓我們：延長衰老的年月。在往昔，晚年的心臟病發或中風會讓我們一命嗚呼，但我們現在會被裝上血管支架，動繞道手術，還有一大堆各式各樣的藥可吃，這些基本上可以把我們從死門關前拉回來。乍看之下，這似乎很好，很先進。只不過，延長壽命的結果是，在這些「紅利似的」多出來的歲月裡，諸如阿茲海默症或帕金森氏症侵襲我們的比例增加了。我們的膀胱無力，四肢顫抖，我們的精力降低到只比植物人好一點。被鎖在衰敗的大腦和身體內，我們和熟悉的人事物變得疏離。我們活得像行屍走肉。

在老年病學裡有個新興的專科叫老年憂鬱。護理之家現在會聘請精神科醫師、心理學家和社工人員來處理這快速成長的問題。專業期刊像是《美國老人醫學會刊》刊登了無數的文章來探討這類的主題，譬如如何適當使用「老年憂鬱量表」，以及哪一種抗憂鬱的藥對「暮年族群」最有效。精神科醫師當然定期發表了他們對這類憂鬱主因的看法。

主因？對此，我想我可以幫這些精神科醫師一點忙：老年憂鬱是因為老朽的老人糟透了。老朽的老年很恐怖，生活品質幾近於無。假使我們在那個階段沒有老到失智的話，我們很清楚人生只會越來越走下坡。這讓人很難把老年憂鬱看成一種心理疾病，而是一種真實而自然的反應。這些老年精神醫學醫師應該為狄倫・托瑪斯（Dylan Thomas）吞了一堆抗憂鬱藥物的老父打打氣，要他聽從兒子的告誡：「憤怒吧，憤怒於日光的凋殘。」

憤怒和斯多葛主義

天曉得，我有多麼容易對日光的凋殘發怒。一步步走向免不了的衰老、唯有死亡才可能解脫的這整個前景，不僅讓我充滿恐懼，憤怒的情緒也快把我壓垮。這一切很不公平，活了又長又豐富的一生，最後得到的竟是這樣的回報？這規則是誰定的？我怨恨這一切。

但是憤怒有什麼用？就算當著宇宙開的這個終極玩笑大聲咒罵很痛快，在老朽的老年逮到我之前，我想要發飆狂吼度日嗎？斯多葛學派，不管是希臘的或羅馬的，肯定會要你別發火度日。

在伊比鳩魯出現前不久，由西提翁的季諾（Zeno of Citium）於雅典所創的斯多葛學派，經過三百多年來的發展，遍及希臘的所有地區，甚而延伸至羅馬，在那裡，諸如塞內卡和馬可・奧里略（Marcus Aurelius）之流的哲學家，將它的基本教義加以詳細闡述。這一派的哲學最主要的觀念是，人應該清心寡慾，從欲望中解脫，無怨無悔地順從天命，因為耽溺於我們所不能操控的事只會招致痛苦，沒有好處。

季諾對於如何獲致平靜與幸福的看法，比伊比鳩魯的更有禪意；他主張徹底的禁慾，而不像伊比鳩魯勾勒出達到滿足的各種路徑。愛比克泰德（Epictetus），第一世紀的希臘人，簡潔地道出採行斯多葛哲學的結果：「找個生病卻依然快樂、身陷危險卻依然快樂、即將死亡卻依然快樂、離鄉背井卻依然快樂、遭受恥辱卻依然快樂的人來，我很樂意見到一位斯多葛哲人。」

斯多葛學派會建議我們，別理會老朽的老年從我們這兒奪走的，藉此擺脫我們對它的憤怒與恐懼。畢竟，它不是操之在我們手上。摒除所有欲望，我們就不會有老年憂鬱。

我想我辦不到。採行斯多葛哲學有時候感覺起來比較像是否認痛苦而不是超越它，而且不管哪種否認在我看來都是活得不真誠。（採行斯多葛哲學偶爾也像是玩心理遊戲，近乎於危險地對自己唱著「別想那麼多，快樂就好（don't worry, be happy）」。不過，我還是從斯多葛學派汲取了一個頗具說服力的觀念，那就是對無法操之在己的事放手。老想著老朽的老年的恐怖無濟於事。這樣是浪費了寶貴又有限的歲月。

在變得無用之前結束生命

關於即將來到的老朽老年，依然有個不能延遲的問題：什麼情況下可以說是活著而不再有意義？

儒家哲學家孟子曾簡單而強有力地說明這情形，他寫道：「生，亦我所欲也，義（往往被詮釋為『有意義』），亦我所欲也，二者不可得兼，捨生而取義者也。生亦我所欲，所欲有甚於生者，故不為苟得也……是故所欲有甚於生者，所惡有甚於死者。」

但是羅馬的斯多葛學者塞內加，甚至在他寫給西西里島的羅馬總督路西里斯的書信集裡更直率地寫道：「有些人會被生命的洋流以最快的速度帶入港灣，就算航程上有所耽擱也一定會抵達，至於其他人呢，則被生命拖磨、折騰。對於這樣的人生，如你體會到的，人不應該留戀。因為僅僅只是活著不是好事，活得好才是。因此，智者應該要盡可能活得有意義，而不是盡可能活得久……他總會對生命的品質加以反思，而不是生命的長度。一旦生活裡有很多事令他苦惱，擾亂了他心靈的平靜，他會放自己自由……因為當一個人已經所剩無幾，他不可能失去太多。這不是死得早或晚的問題，而是死得好或不好。而死得好意謂著避開了死得不好的危險。」

勸告人應該在生命變得無堪忍受之前做個了斷，快活先生（Mr. Cheerfulness）叔本華（Arthur Schopenhauer）在《悲觀論集》裡寫道：「人人都想活到老年；換句話說，活到常言所謂的『今天過得很糟，而且明天會過得更糟；如此下去直到糟到不能再糟』的生命狀態。」

以我個人來說，我對孟子和塞內加死得其時的論點，比較能夠起共鳴。

在羅素・雅可比（Jacoby）對老朽老年的看法裡，義是不存在的。我們真想緊抓住生命，不惜任何代價嗎？我想嗎？

在老朽的老年結束生命的可行性

儘管孟子和塞內加對於「人在什麼樣的時機點死亡會比繼續賴活好」給出深刻的見解，但是他們並沒有對一個關鍵而實際的問題給出任何建議：我們如何確實知道那個時機點到了呢？那時機是很難拿捏的。我們必須在跨過那條線，進入十足的痴呆之前拔掉插頭；否則我們會越過理性決策的時機點，雖然我們跨過那條線之前，仍有夠多的「一丁點」時間讓自己活得值得。

假使我們漸漸變成需要靠維生設備，而且簽好了遺囑，授權給某個代理人在這個時機點拔掉插頭，這比較不是個難題；事實上，我們的醫生在決定我們必須插管（因此，也會要拔管）的那一刻已經考慮到那時機點的問題。但這是特例，就像任何藥物或不論時間多久都緩解不了的疼痛狀態。決定徹底結束那痛苦，而不是在餘生裡繼續忍受下去，並不困難。在我太太的國家荷蘭，無堪忍受而且無藥可醫的疼痛，是可以要求醫生協助安樂死的充分理由，而且會被准許這麼做。

如果我們還能自行呼吸，身上也沒有難以忍受的疼痛，可是生活已經近乎毫無品質，該怎麼辦呢？很可能的情況是，在那個時間點上，我們也沒有什麼法子——不管理性或力氣——去終結「活得不好」。事先交代某人替我們做決定——甚至給他／她一張詳細定義了我們想要「解脫」的情況和狀態——往往也是不了了之。到最後，親戚和朋友都沒有執行那個決定的意志力，這很可以理解。我們只能苟延殘喘。

~

我有個壞脾氣的老朋友名叫派翠克，他把我們這階段的人生叫做「等著被診斷出病來」。不知哪一天或某個看診日，我們會接獲消息，得知自己終於罹患重大的老人病，而且很可能會要了我們的命？不用說，派翠克不是斯多葛學派的信徒。

不過，他那「致死疾病終究會出現」的想法並沒錯；只是我們算不出何時出現。這個嘛，也不是全然算不出。加州大學的研究者收集了若干老年預兆指數，讓我們輸入個人資料——年齡、性別、身體質量指數、個人醫療史等等——然後，瞧，就會跳出可能活到幾歲的數字。這當然只是大略的估算，但仍是個統計學上有意義的數字。從醫療的觀點來看，這提供了一個計算，可以用以決定，譬如說，進行另一次的結腸鏡檢查或乳房X

光攝影是否合理；如果根據那指數，我們在大腸癌或乳癌會嚴重損害健康之前極可能會死於其他疾病，那麼合理的做法就是跳過那些檢查，節省時間，也省去身體的不適和費用。

這壽命指數也不失為解開孟子／塞內加難題的辦法：何時計畫並執行我們最終的退場。不過啊，不知怎地，我現在還不想去做那道算數。

預期性的老年憂鬱

在安養院中庭看著伊菲珍妮雅一匙一匙餵著史匹洛喝咖啡，我又想起了我的朋友派翠克。他還沒到老朽的老年，也沒有老年憂鬱症；而是預期性憂鬱：他知道正疾速向他逼近的是什麼，這令他痛苦又鬱悶。他跟我說，我和那些不老族一樣不真誠，因為我想在老年活得真誠，終究說來，和力圖永保青春的人讓自己忙個不停沒兩樣：我們都在抗拒隨時會出現的事。

難道派翠克看到了我沒看到的事？難道亞里斯多德式的老年乖戾是最忠於自己的表現？上了年紀的人的倔老頭形象，包括了戲劇裡和電影裡的滑稽刻板印象，根深蒂固。他本能地抱怨說「他們」不用從前的方式做事，而那從前的方式當然才是「對」的。大多數稍年輕些的人相信，老人之所以脾氣暴躁，事實上是深信自己已經落伍又不中用了。仔細想想，這還真是會讓人嚴正地發牢騷。

變成一個倔老頭說不定也有它的好處。在我來希臘前，派翠克跟我說：「埋怨變老已經成了我最愛的消遣，事實上，是我新的存在理由。」嘿，這招對他有效。

但對我無效。我還是支持柏拉圖的老哥葛勞孔（Glaucon），他在《理想國》裡說：「可是我認為，蘇格拉底，這些發牢騷的人似乎沒找出原因，因為如果這是年老的緣故的話，那麼我也是老人，我也會和他們有同樣的感受，而且其他每個老人也是。但我的經驗並非如此。」

我存在主義取向的腦袋不禁在想，為何派翠克的預期性憂鬱不是他這一向以來面對人生的「真誠」態度。畢竟，我們打從年少時就知道生命終點一點都不好玩——尤其是假使我們很長壽的話。這代表說，如果我們沒在二十一歲時就陷入徹底絕望，我們就是十足地否認死亡？就生命有限的格局來看，在不可避免又令人遺憾的最後苟延歲月裡，多活五十年或五年有多大差別？

存在主義哲學家卡繆肯定認為，對顯然無意義的人生來說，更別提在老朽的老年等著我們的惶恐和病痛，絕望是人的真誠反應。但是卡繆也相信，我們可以超越生命固有的荒謬，並藉由我們的決定和詮釋來創造意義；而這也是面對等著我們的一切的真誠態度。這些無非要表達的是，也許真誠老年的內涵，不是想永保青春的人馬不停蹄地大展鴻圖，也不是像我朋友派翠克那樣永無歇止的絕望，而是某個有意義的東西。

不過，也許我還欠派翠克一句公道話。想到史匹洛空洞的眼神和顫抖的雙唇，我很難不受自己的預期性憂鬱影響。就像亞里斯多德無情地說的，在老朽的老年裡沒什麼好期待的。

對於我來說，不讓自己老想著老朽老年即將來臨而愁雲慘霧的最好方法，是聽從斯多葛學派的教誨：在老朽老年尚未來到之前便把注意力放在老朽老年的恐怖上，是浪費我所剩的時間。我所剩的時間已經不多，我不想把它花在憂心顯然不是操之在我的事情上。我寧願好好想一想，這段時間要怎麼利用最好。

浪漫潛藏的危險

走回通往港口、陡峭又崎嶇的小徑，我發現我該弄一根拐杖來用了，至少如此艱難的跋涉需要一根拐杖。這念頭讓我發笑。我從來都不怎麼愛逛街，但我卻發現自己很期待去物色一根拐杖。一根頂端有白鑞女像柱的拐杖，跟塔索的一樣？還是沒那麼優雅、實用一點、有個簡單的圓弧把手即可？

我眼前是散落在伊德拉島山坡上的幾座「口袋」公墓之一。我停下腳步，心想著為了抄近路越過墓地會不會是不敬的舉動。我總覺得希臘的公墓古怪地具有撫慰的力量：我想，是它的樸實使然——和人身等長的樸素石板前端附帶簡單的墓石，墓石上往往嵌有覆著玻璃罩面的死者褪色照片。這時，我看見墓園的彼端，一列驢子低著頭津津有味地吃著罌粟花，在這群驢子後方，有個老人背對著我獨自坐在平鋪的墓石上，我可以聽到他很有活力地在說話。我很確定他就是趕驢人帕弗洛斯，想必是在跟長眠於此的摯愛說話。他的亡妻？我在想他是否經常這麼做——像她生前那樣跟自己的終身伴侶聊聊當天的遭遇。

我盡可能無聲地走過墓園，眼睛直視前方。我不想侵擾到他。不過，從眼角餘光，我瞥見帕弗洛斯的臉：他正在講手機！

我不只感到失望，還覺得懊惱。多年來，不只一位朋友說我把希臘人和他們的生活方式浪漫化了。這一次我那些朋友確實說對了。

不過，且慢——這時我也聽出了帕弗洛斯正在跟他孫女說話，關於她姑姑為她縫製的一件復活節要穿的漂亮洋裝。帕弗洛斯完全沉醉在這交談裡，他正在這墓園裡享受這快樂的插曲。我的浪漫想像能體會到的，不及那快樂的一半。

膚淺的哲學會引導人走向無神主義，深刻的哲學卻會引導人歸向宗教。

——培根（Francis Bacon）

第七章

卡米尼灣的火燒船

進入靈性層面正是時候

卡米尼灣的海面上燃起一片火光。擠在水岸觀看的人群揚起歡呼聲，傳到了我的陽台。這是希臘復活節的晚上，火焰來自燃燒木筏裡的猶大肖像傳統。

火光在盪起漣漪的黑水映照下，創造了戲劇性的效果——興奮、歡樂，但群眾高亢的呼喊裡透著某種令人難過的情緒，一種暴民似的復仇心態：「燒吧，寶貝，燒吧」。在我聽來這並不神聖。

在他厚厚的著作《上帝並不偉大：宗教如何毒害一切》裡，當今的社會評論家克里斯多福・希欽斯（Christopher Hitchens）分析了有組織的宗教如何腐化我們，把這世界變成群聚的懷恨暴民。他寫道，不管是在「貝爾法斯特、貝魯特、孟買、貝爾格勒、伯利恆或巴格達……如果我認為在昏暗中向我靠近的一群人來自某種宗教聚會，我會馬上感受到威脅。」

在卡米尼海灣尋歡作樂的人當然沒讓我感受到威脅，不過這是我不會參加的那種希臘慶祝活動。跟希欽斯一樣，我認為有組織的宗教「應該深切地本著良知」。

不過這並沒有阻擋我對屬靈層面的渴望，雖然我還不是很清楚這是什麼意思。

老人和上帝的幻象

老人家經常會轉向宗教。這情形很常見。在我們目前這個喜歡探究心理層面的年代，對這現象的公認理由是，老人可能聽到死神在敲門，因此作為一種因應的防衛機轉，我們加倍花力氣去編造上帝和來世。

在佛洛伊德的論說文集《幻象之未來》裡，他斷然把宗教視為人類願望的產物。有趣的是，而且甚至是相當勇敢的，佛洛伊德是在人生的尾聲寫下這本書。在書裡他主張，宗教主要的目的是控制社會並施加道德規範，從應許居仁由義的人將在生命結束後獲得報償，來確保人一輩子行止端正直到最後。很棒的論點。當今的演化學者和遺傳學者推測有所謂的「信仰基因」存在，給了這理論一個很有趣的新詮釋。信仰基因表現在群體存活這項特性上，沒有這種基因的部族已滅絕，由於缺乏強有力的宗教道德規範，他們彼此屠殺。顯然，希欽斯會以「宗教的特性在於讓人存活」這觀點來理解這議題。

佛洛伊德的假設是，超然的神和美好來世的概念，若只是因為人的情感作用而進到人的腦子裡，那麼這些概念肯定是沒有道理的。在嚴格的邏輯和實證的層次上，這假設就像「乞丐與蕩婦」裡斯鮑汀．萊夫唱的名曲「未必是如此」。舉例來說，我們可能只憑感覺便認定，在火車裡坐在對面戴著軟呢帽的陌生人可能是連續殺人犯，但是戴著軟呢帽的那男人很可能果真是連續殺人犯。我們從非理性的方式得到的想法，和那想法本身是否是客觀獨立的事實，是沒有關係的。

當今一些新的無神論者，譬如哈里斯（Sam Harris）和道金斯（Richard Dawkins）之流的哲學家，也前仆後繼地對人為何會編造神的概念提出心理層面的解釋。這些思想家指出，大多數人會用科學的、具邏輯實證的思考來處理百分之九十九的事情，但是談到神和宗教時，人就會馬上陷入不合邏輯、非實證性的思維裡。我們視需要挑選這兩種思考方式當中的一種：開車適合用科學的腦袋，禱告求助時適合用不合邏輯的非實證腦袋。

哈里斯說得妙：「如果我告訴你，我家後院埋有一顆像冰箱那麼大的鑽石，你問我，你怎麼會這麼想？我說，這信念給了我生活的意義，或者，我家人從這信念裡獲得很大的快樂，而且我們每到星期天就在後院挖鑽石，所以我們的草坪上被挖了個大洞。你聽了以後會開始覺得我是瘋子。你不會因為這信念帶給你生活意義而真的相信你家後院有鑽石。如果這是可能的，也沒有人想這樣自欺欺人。」

就根本來說，這是另一種「誠實對待自己」的主張：要判定什麼是真實，我們可以相信科學模式，也可以不信。任意在這兩者之間變換只是欺騙自己，對自己不誠實。

我們老人會把心思轉向精神層面只是在欺騙自己？我們任性地對自己不誠實，只因為「聽見時光的飛輪急促地逼近」？

進入靈性層次正是時候

印度人肯定不認為我們是對自己不誠實。他們認為我們老年人總算準備好要面對嚴肅的靈性層面。

這古老的南亞信仰和哲學根源於鐵器時代，其「現代」的發展始於公元前二世紀。如同大多數涉及如何活著這問題、歷史悠久的哲學，印度教訂定了不同生命階段的不同角色；它列出四個：brahmacari（學生）、grihastha（居士）、vanapratha（林居者或半退隱的隱士）以及sannyasi（出家）。這些階段分別代表了準備、生產、服務和靈修時期。有些印度經文指出，最後的階段通常是在七十二歲以後開始。我有同感。

關於這最後階段令我既吃驚又信服的是，老人要離棄的事物當中名列前茅的是信仰本身。出家階段的起始儀式包括焚燒印度聖經《吠陀》，象徵性地棄絕出家者在先前階段的所有宗教信仰和修行。離棄一切種種。這位年老的出家者現在要完全靠自己修道了。透過獨居靜思，尋求靈性上的覺悟。事實上，假使他想要有信仰的話，他也得從頭自創。

棄絕凡俗，如同伊園內的純樸生活，聽起來就像在太陽城（Sun city）過著退休生活一樣。出家人是四處雲遊的隱士，居無定所，也沒有身家財產。他們靠化緣果腹。不過，伊比鳩魯理想中徹底自由的生活和印度教的第四階段仍有相通之處。「四行期法」（Asrama Dharma）如此描述出家生活：「出家人從靈性之眼看待人給不了的東西，也不怎麼在意人可以拿走的東西……因此，他不受誘惑，也不受威脅。」另一段寫道：「商業、家庭、俗世生活、青春的美麗與希望以及成年的成就全拋諸腦後。剩下的只有永恆，因而這是心靈所繫之處——不是生活的職責和憂慮，這些已經如夢般消逝。」

我無疑對「從前」生活「如夢般消逝」感到熟悉。而且常常感覺像是一眨眼便消逝。我也對「四行期法」說的「剩下的只有永恆」很有感觸。

我已經處在人生最後的清醒階段，我的心思逐漸轉向尋求印度教所謂的「宇宙的真諦」。

印度教提醒了我，心理層面的解釋不是說明我何以在老年被靈性層面吸引的唯一方式。出家人不是因為來世會墮入因緣果報而尋求開悟，也不是懼怕死亡。他已經揮別那些憂慮。他和俗世生活的關係已經了結，現在他總算可以專注於終極的屬靈問題了。

老人對靈性的疑問

到目前為止，宗教在我生活裡還不是挺重要的。我也不覺得孑然一身、從頭開始的出家人生活能帶給我安慰；雖然他棄絕了年少時的宗教修為，我懷疑他開啟旅程時對於開悟會是什麼樣的感覺，恐怕有先入為主的概念，說不定比我目前有的還強烈。

不過我對開悟的某種渴望顯然存在。我相信這渴望一直都在。我的確認為在大多數人心中這渴望始終存在——在心裡某個角落。也許我又是一廂情願，但我的推論是，即便是最頑固的無神論者，內心深處對於超越的面向都有著一份渴盼；他只是還沒認真地注意到它。對於我來說，我只是習慣性地忽略我對靈性的渴望，把它當某種煩人的抽搐。我屬於聽到拉姆達斯（Baba Ram Dass）疾呼「活在當下」時，會回答說「我很好——我確實每天每刻都在打算要活在當下」的那種人。

但是年老的迫切又再度對我叨唸：如果不是現在，要等到何時？

靈性渴望的根本問題不容易指出來；僅僅是從中理出個頭緒來就很困難：我跟世上一切事物有任何關聯嗎？跟這宇宙呢？我們倆——宇宙和我——都同在這關聯之中？倘若如此，這意味著我剩餘的人生該怎麼活？沒有什麼問題比這些更模糊的了，但也想不出比這些更重要的問題了。我日前和海德格的「無法揣摩的問題」較量過一回之後，我覺得自己更能夠與新無神論者「即便玩味靈性層面的概念，也是不忠於自己」的主張搏鬥。我想我不是在追尋某個東西，諸如哈里斯他家後院大如冰箱的神祕鑽石。我不期待看到上帝的聖容或天堂的景象。我追求的是某種高深的理解，對宇宙的一種存在的認同。哲學家威廉・詹姆斯又一次給了我某些希望：不，我所尋找的不是某個東西；我在尋找一種靈性體驗。

於是我回到詹姆斯著的《宗教經驗之種種》，我這次旅居帶的另一本舊書。事實上，這會兒放在我伊德拉島書桌上的這一本，就是五十多年前我在哈佛廣場書店買的那本，我當學生時用功地在書裡畫的重點和寫在頁緣的筆記依然完好無缺。當年畫的重點裡，有一段說出了我目前正在思索的：「我們從日常意識進入密契狀態，如同從少進入多，從微小進入廣大之中，同時也有如從不安進入安定之中。我們感受到一種調和、統一的狀態，這過程訴諸的是我們內在的肯定作用（yes-function），甚於否定作用（no function），在其中，無限吸納有限，平和地總結。」

是了，我所追求的是我自身「肯定作用」的震顫。假使我有這般體驗，我會去想想接下來如何。假使哈里斯告訴我那體驗不過是心想事成，我也會再三深思。但我保留「拒絕哈里斯並擁抱肯定作用」的權利。

~

對我們這類人來說，我不認為藉由出家人的方式，也就是把我所有心思集中在悟透宇宙的奧祕上，可以尋得永恆。老實說，我並不想當「隱士」離棄我的人生，尤其不願意放棄我的房產。我知道正是如此這般庸俗的貪戀使得我無法超越物質世界，那麼，如果我對家屋的貪戀執著意謂著我對開悟的渴望不夠深切，我想我只好承認。無論如何，我不認為我想像中的出家生活能讓我達到開悟，我甚至連從哪兒著手都不知道。

再說，我也不認為上教堂做禮拜或望彌撒能讓我開悟；從沒有過。不像威廉・詹姆斯和赫胥黎（Aldous Huxley），我的迷幻藥之旅只帶我到涅槃的前廳，而不是一路穿越眾妙之門。

話說回來，這跟老人最後一次的靈性開悟有什麼關係？

~

我發現自己又想到了柏拉圖，柏拉圖相信純粹的嬉戲蘊含著神性。而且我又鮮明地想起我撞見五名希臘老人舞頌生命的那個迷人夜晚。對我來說，它讓我一窺超越的堂奧，這種歡慶生命的態度，到頭來成了我願意去相信的宗教。然而這等吉光片羽可遇不可求。

我九十二歲的朋友亨利，去年喪妻的一位退休教授，最近因為一個問題打電話給我。雖然他仍然頭腦清楚，身體也還算硬朗，但他為了有人陪伴，考慮搬進養老院住。問題在於，他說，他的音樂。他聽古典音樂，每天至少要聽個四小時，往往把音量轉得很大，他不想有人要他轉小聲，也不想用耳機聽，因為耳機會把音樂扭曲。

我不得不笑出來。我知道音樂對亨利來說有多重要，尤其是他活到這把年紀，我也很確定，就算為了美好的交談犧牲一分鐘聽音樂的時間，他也會覺得不值得。

亨利堅稱他不是屬靈的人。他說宗教只是一種戲法罷了。可是當我們一起去聽交響樂演奏會時——通常曲目裡一定有一首馬勒的作品——我常常從他皺紋密布的臉上看到癡迷陶醉的神情。亨利顯然進入了一個更高的境界——他的靈性升騰昂揚。我很肯定，就某個意義來說，亨利已經神遊去了。

我也越來越常聽音樂。我這輩子裡，最能觸動我的藝術形式就屬音樂，而今年紀大了，我發現我幾乎每晚聽音樂，通常獨自聆聽，一聽就是好幾個鐘頭。在黑暗中躺在沙發上，聽著，譬如說，馬勒第九號交響曲或佛瑞的安魂曲，或普契尼的歌劇托斯卡裡的「今夜星光燦爛」，我往往進入一種渾然忘我、天人合一的境界。我迷失在星群裡。跟亨利一樣，我不想貿然稱它為一種靈性經驗，但有時候感覺起來令人敬畏地逼近一種靈性經驗。闔眼，屏息，聽著卡伐拉多西等著死刑的宣判時，望著天上繁星哀婉細膩地傾訴他對托斯卡的愛，「從未如此熱愛生命！」有時候——只是有時候——我感覺到我的渴望變得崇高。

至於那些可遇不可求的片刻，當天際閃光或在風中飛舞的落葉突然把我們拉出日常的意識讓我們神遊太虛？這些足以回答一個老人對靈性的渴望？有沒有什麼法子可以讓我把它們變成日常經驗？

我想我真正知道的，就是對開悟保持開放，在我的心靈與腦袋裡十足地留意它。禪宗教導人，止觀（mindfulness）是通往開悟的路。止觀的意義有很多，有人認為難以形容，但基本上的意思是全然的清醒，對當下一種持續而清明的覺察。一個安住當下的人會充分投入他正在進行的事——不管是走路、思考或單純的吐納。而且他會時時警覺，不讓自己落入習而不察的慣性裡，也就是喪失全然的清醒或變得麻木沒感覺。在我老年，擺脫了我長期的「瘋狂主子」——反射性的懷疑論——我總算可以活在當下。

布雷克（William Blake）一首我很喜愛的詩「天真之兆」，如此起頭：

一沙見世界
一花窺天堂
手心握無限
須臾納永恆

說不定為我的渴望找到答案的最可能方式，是活在當下——充分地活在當下。

日常的神聖

烤羔羊的辛嗆味瀰漫我的陽台。希臘人稱復活節為Pasha，該字源於希伯來文裡意指逾越節的字Pesach，而第一次逾越節宰殺的羔羊（paschal lamb）慶祝的是猶太人脫離埃及獲得自由。希臘的復活節和逾越節每年落在同一天：都是根據月亮盈虧週期算出來的。羔羊向來是希臘人復活節晚餐的主食。

今晚我會在塔索和蘇菲雅的家裡和他們共進晚餐。幾天前在狄米崔小館，塔索離開他那群朋友後，走到我桌邊問我復活節晚上有沒有什麼安排。我說沒有，他堅持邀我上他家一起用餐。

我敲塔索中庭的那扇門之前，練習了幾次問候語「Kalo Pasha!」（復活節快樂！）；身為猶太人，儘管是作風不像猶太人的猶太人，這樣問候還是比另一種希臘復活節問候語自在，Christos anesti!（基督復活了！）。然後我整理了一下我今晨散步採的一束野劍蘭。我敲了敲門，塔索應了門。

「Kalo Pasha!」

「Kalo Pesach!」塔索回答，並擁抱我。

我有沒有聽錯？塔索對我說「逾越節快樂」？

沒錯。我從他眼裡的光采確信我沒聽錯。當他滿頭銀絲的可愛妻子蘇菲雅在他身後現身，我把花獻給她，她也說「Kalo Pesach!」顯然她也練習了這個問候語。

當下，我體會到這頓晚餐邀約的深意。我很肯定，塔索料到了在海灣火燒猶大像的活動令我不自在。事實上我相信，他比我還了解我對這件事的敏感：這不是發自我對希欽斯觀點的廣義理解——像是對有組織的宗教的腐化影響有反感，這來自我的認識——塔索和我的認識——對告密者猶大的憎恨，往往帶有反猶太的意味。塔索真是個有無比悲憫心的人。基督復活了，沒錯！

塔索和蘇菲雅的兒子卡斯瑪斯，還有媳婦，和十幾歲的孫子也在場，他們從雅典來過節。他們和塔索及蘇菲亞一樣，都是溫暖熱情有活力的人。

羔羊腿仍插在炙叉上在庭院裡的火堆上烤。畢竟才晚上九點而已，對於希臘人在溫暖春夜享用主菜來說，時間還太早。

首先有茴香酒和開胃菜，一盤又一盤盛著烤章魚、烤起司、加了橙皮絲的豬肉香腸、橄欖、葡萄葉卷、小黃瓜和優格等等的小菜，看似沒有盡頭。每樣小菜的廚子自豪地在庭園裡遞送他的拿手菜，聲明他的個人特色——對卡斯瑪斯的兒子尼可勞斯來說，他的特色是把薄荷葉拌入他的茄子沙拉裡。

同時舉杯祝賀：祝賀尼可通過大學學測；祝賀卡斯瑪斯的太太黛絲萍娜在雅典雜誌上發表了一首詩；祝賀塔索和蘇菲雅的老狗西布莉又撐過了另一個冬天。西布莉是以古代的自然女神來命名，這是唯一一個和遙遠的神學微微沾上一點邊的敬賀。沒人提到基督也沒人提到復活，更別提摩西或劈開紅海。

對虔誠的基督徒來說，在塔索的庭院裡的情形代表著宗教的腐敗。在這裡復活節喪失了意義。他們把神聖的耶穌復活從這神聖的日子裡移除了，取而代之的是瀆神的節日派對。就算我沒被邀請，我相信塔索家的饗宴也會略過宗教的聲明和表意。

可是坐在那兒，在萌芽的檸檬樹下，在這些快活可愛的人之中，我確實感受到，塔索的庭院裡充盈著某種本質上神聖的東西而生意盎然。我從圍繞著火堆彼此交換的溫暖眼神中看到了，也從卡斯瑪斯溫柔地揶揄他父親總把橄欖核丟進襯衫口袋裡的老習性裡聽出來。

多虧我年紀大，我才有辦法欣賞到塔索庭院裡的這一切。身為一個老人，我和這樣的平和相安無事。除了作伴之外，我對這些人無所求。我也不企盼新的刺激或成就。事實上，那當下我對這宇宙所求的和此時此刻沒兩樣：從他們的臉龐「見世界」。

這想必是老伊比鳩魯在伊園的長桌旁所感受到的——置身於一群好人之中的莊嚴崇高。我發現我突然非常想念妻女，比我離家整整一個月的任何時候都想念。我真希望與她們分享這些喜樂的時刻。

這時我提醒自己，我得聽從布雷克的警告，別貪戀這莊嚴崇高的片刻，而是任其優雅地來去自如。在他另一首名叫「永恆」的形上詩裡，有四行珠璣之語，他寫道：

誰讓自己受歡樂綁縛
誰就摧毀了有翼的生命
誰在歡樂飛翔時親吻它
誰就活在永恆的黎明

我起身舉杯，「能夠在這裡是我莫大的榮幸，」我說，然後微笑補了一句，「事實上，能夠單純活著就是莫大的榮幸。」

多空出一點時間，少一點忙碌

——多瑪斯牟頓（Thomas Merton）

尾聲

歸鄉

安住當下的老年

我窗外淡綠色的山坡，和我留在身後的錐心風景有著柔和的反差。我回到家，在麻州西部的一幢小木屋裡，坐在書桌前，伊德拉島的隨筆攤開在眼前。走道另一頭，內人芙芮琪正在為丹麥雜誌寫文章。我的狗史努克斯在我腳邊打盹。

回家後的頭幾天，除了跟芙芮琪說話之外，我沒做些什麼事；我們都累積了一個月的故事值得說，我倆快樂地聊天，一聊就是好幾個鐘頭。碰巧的是，我遠行期間，阿姆斯特丹的編輯委派芙芮琪到佛羅里達待了幾天，去調查一個新的美國現象：為了財務的緣故重返職場的老人。丹麥那邊的「說詞」是，在荷蘭年滿六十五歲的人都強制退休了。

芙芮琪在佛羅里達的一些受訪者說，重新投入職場把他們累垮了。很多人找到的工作不如壯年時的有趣，這讓他們很灰心。但為數不少的人坦言，靠退休金他們「勉強過得下去」，但不願意降低生活條件和一般的生活方式而這麼做。我在想，這些人是否願意聽從伊比鳩魯的教誨——清心寡慾，享受老年的清福。

不過芙芮琪也告訴我，這些老人當中很多提到，重回職場讓他們重拾活力。重新當個有用的人感覺很好，純粹很忙碌也讓他們感到滿足。有個老人家還說，她感覺像是「重新活過來」。

巧的是，我在卡米尼的最後一天，狄米崔遞給我一篇希臘新聞部落格裡的文章。文中描述希臘很多領養老金的人——很多還等著他們破產的政府發放養老金——從雅典回到他們在克利特的家鄉開始務農。其中一人的話被引述，「我們不必花一歐元就能過一個禮拜。你可以從自己的農場獲得新鮮食物，假使你需要額外的東西，譬如說像是橄欖油，你可以從你的農夫同伴那裡得到。」這人，連同其他人，聽起來樂於在老年生活有這意外的轉折。很動人的一個說法是，他們意外掘出了伊園。

哲學思考的一個問題——就像大多數的學門一樣——是它傾向於把觀念談得很絕對，沒留給人類日常經驗固有的內在矛盾和複雜性多少伸展的空間。亞里斯多德對哲學和科學的一個長久貢獻，是他的忠告「我們不該指望比題材所涵蓋的更精確概念存在。」而「老年怎麼過最好？」這問題，絕不可能有精確的答案。事實上，答案海闊天空，可能性無限。

也許伊比鳩魯對快樂的武斷指示——最重要的就是掙脫「日常俗務與

公眾事務的牢籠」——純粹就是不符合美國很多年老的男人女人會真心感到快樂的事。要忠於自己，一個人必須自行決定會帶給自己快樂的事為何。沒錯，我若要忠於自己，我得自問，在七十三歲這年紀，坐在書桌前，隨筆攤開在桌上，我認為自己在做什麼。顯然，我認為我還有事情要做。

在「永保年輕」的精神和柏拉圖式／伊比鳩魯式／存在主義式理想的圓滿真誠老年之間，有沒有差強人意的中庸之道？我們能夠劃分兩者的差別，而不會大大損及這兩造，結果得出一個含糊籠統的老年哲學？

這一切可以歸結到世俗層次來談，譬如我們如何安排剩餘的歲月？比方說，一週工作二十小時，將我們剩餘的時間獻給老來重要的最後一搏？只不過，這麼一來，我們會不會免不了又進入了「趕行程模式」的生活，必須在時限內完成什麼？而且一旦我們選擇了那個模式，就算我們安排了與朋友（和狗）玩樂以及反思過去的時間，我們仍會留意時鐘，放棄了屬於從容老人的「主觀時間」的奢侈和餘裕。

已經好幾個鐘頭了，我重新瀏覽在伊德拉島的隨筆，試著解讀我在哲學書頁緣的潦草字跡。再次閱讀這些筆記，有的地方過於簡化，有些地方蠻有說服力的，偶爾兩者都有。我覺得自己很像《八又二分之一》裡的貴多：「一切都和以前一樣，一切又是一團混亂，只是混亂的是我！」我不禁在想，我想為真誠老年找到合適哲學的努力，和腦筋不清楚的怪老頭吠月亮差不多？

也許我的努力略帶海德格色彩。儘管笨拙，也許正是這「大膽揣摩」那「無法揣摩的問題」，使得老年變得美好又滿足。也許僅僅只是提出這問題，就已經是某種結束。

專心變老

也許佛家的止觀概念是老年要活得真誠優質的最寶貴方式。也許不論我們做什麼，我們都必須專心於我們老了：這是我們尚能十足清醒的人生最後階段，這階段的時間有限而且時時在減少，而且在這階段我們擁有空前絕後的特殊機會。也許如果我們盡可能地留心於目前的人生階段，如何渡過這些年的最圓滿答案會自行向我們開顯，我們不須嚴格照著睿智哲人的指示去做，而是去體會他們的真知灼見。

單純只是去留意諸如柏拉圖、伊比鳩魯、塞內加、蒙田、沙特和艾瑞克森之流深思明辨後建議的老年選項，我們就可以做出真誠的選擇，過我們想過的最後歲月。我們可以試試看他們的想法是否合適，看看它們和我們所考慮的價值是否吻合。也許明哲地變老就是這個意思。

望向我書房窗外，我看到內人正坐在庭園邊的一張木椅上，手裡拿著稿子，但沒在讀稿，而是懶洋洋地凝望著淡綠色的山坡。我丟下書桌上凌亂的隨筆，走出去坐在她身旁。這會兒我明白了這幾個星期以來在我腦海深處鑽動的請求——我想跟她和女兒以及我的一些朋友提出的請求。

「我想，我需要你准許我變老。」我說。

她笑了出來，當然。「要我准許？為什麼？」

我也笑了。「我不曉得，我猜，你會寧願我保持年輕，或至少要努力保持年輕。」

「我批准。」她笑著說。「無論如何，我想這已經太遲了——因為這本身聽起來就像個老人的請求。」

謝詞

非常感謝家人、朋友和同事在統整這部文稿上的寶貴協助：感謝我女兒莎瑪拉，她提供了我自己想不出來的架構性想法；感謝老友湯姆．凱瑟卡，他向來是比我出色的學生，挑出了我論理上的錯誤，溫和地引導我走出迷津；也要感謝我老婆芙芮琪，她用她的第一外語改善了我的構句和文法。

一如往常，婁德小姐（Julia Lord），我的出版經紀人兼朋友，不僅給了我相當好的建議，而且對我來說更重要的是，給我鼓勵。我的編輯們，莫里森先生（Stephen Morrison）和杭特小姐（Rebecca Hunt），是既聰明又有耐心的評論者，我的草稿上處處可見他們的提點，對此使我深深感激。

我也要感謝我朋友帕波克里斯圖先生（Tician Papachristou），慷慨地對所有希臘事物提供解說，以及這趟希臘行的旅伴，我的好兄弟比利·休斯（Billy Hughes），他那攝影家的眼光往往讓我大開眼界。

最後，我要對我在伊德拉島上的友伴致上深深謝意——塔索、狄米崔，當然還有伊比鳩魯。

國家圖書館出版品預行編目(CIP)資料

快樂變老：如何活得優雅又有價值的熟年哲學 / 丹尼爾.克萊恩(Daniel Klein)著；廖婉如譯. -- 二版. -- 臺北市：馬可孛羅文化出版：家庭傳媒城邦分公司發行，2016.11
面； 公分. -- (Eureka；ME2064)
譯自：Travels with Epicurus : a journey to a Greek island in search of a fulfilled life
ISBN 978-986-93786-4-2（平裝）
1.人生哲學 2.生活指導
191.9 105019792

【Eureka】ME2064

快樂變老：如何活得優雅又有價值的熟年哲學(初版書名:《我還年輕》)

Travels with Epicurus: A Journey to a Greek Island in Search of a Fulfilled Life

作　　者❖丹尼爾・克萊恩（Daniel Klein）
譯　　者❖廖婉如
封面設計❖馮議徹
總　編　輯❖郭寶秀
責任編輯❖李雅玲
行銷業務❖力宏勳

發　行　人❖凃玉雲
出　　版❖馬可孛羅文化
104台北市民生東路二段141號5樓
電話：886-2-25007696
發　　行❖英屬蓋曼群島商家庭傳媒股份有限公司城邦分公司
104台北市中山區民生東路二段141號11樓
客戶服務專線:(886)2-25007718；25007719
24小時傳真專線：(886)2-25001990；25001991
讀者服務信箱：service@readingclub.com.tw
劃撥帳號——19863813 戶名：書虫股份有限公司
香港發行所❖城邦（香港）出版集團有限公司
香港灣仔駱克道193號東超商業中心1樓
E-mail:hkcite@biznetvigator.com
馬新發行所❖城邦（馬新）出版集團
Cite (M) Sdn.Bhd.(458372U)
41, Jalan Radin Anum,Bandar Baru Seri Petaling,57000 Kuala Lumpur,Malaysia
57000 Kuala Lumpur, Malaysia
電話：(603) 90563833　傳真：(603) 90562833
輸出印刷❖前進彩藝有限公司
二版一刷❖2016年11月
定　　價❖280元（如有缺頁或破損請寄回更換）

ISBN：978-986-93786-4-2 (平裝)

城邦讀書花園
www.cite.com.tw

今天過得很開心，明天也要繼續期待